拒绝家庭暴力 创建和谐家庭

施阳 陈建林◎编著

施暴者——心理学专家教你如何控制自己的暴力倾向

被施暴者——无数真实案例指导你面对暴力时如何防范与应对

家庭暴力——受暴者不能承受之重，施暴者不能漠视之轻

全面剖析家庭暴力的来龙去脉，提供有效解决之道的年度暖心力作

企业管理出版社
EMPH ENTERPRISE MANAGEMENT PUBLISHING HOUSE

图书在版编目(CIP)数据

拒绝家庭暴力　创建和谐家庭 / 施阳，陈建林编著. —北京：企业管理出版社，2016.1
ISBN 978-7-5164-1163-6

Ⅰ. ①拒… Ⅱ. ①施… ②陈… Ⅲ. ①家庭问题－暴力－防止－中国　Ⅳ. ①D669.1

中国版本图书馆 CIP 数据核字(2015)第 313099 号

书　　名：拒绝家庭暴力　创建和谐家庭
作　　者：施　阳　陈建林
责任编辑：周灵均　田　天
书　　号：ISBN 978-7-5164-1163-6
出版发行：企业管理出版社
地　　址：北京市海淀区紫竹院南路 17 号　　邮编：100048
网　　址：http://www.emph.cn
电　　话：总编室(010)68701719　发行部(010)68701816　编辑部(010)68701408
电子信箱：80147@sina.com
印　　刷：北京柯蓝博泰印务有限公司
经　　销：新华书店
规　　格：170 毫米×240 毫米　16 开本　12.5 印张　140 千字
版　　次：2016 年 1 月第 1 版　2016 年 1 月第 1 次印刷
定　　价：35.80 元

前言

家庭是社会的细胞，家庭是否和谐关系到我们的整个社会能否和谐稳定发展。同样，家庭也是我们每个人心灵休憩的港湾，而这个港湾是否风平浪静也关系到我们每个人的生活能否幸福美满。

现如今，家庭暴力事件屡见不鲜，并且大有愈演愈烈之势。家庭暴力的产生不但给原本和睦幸福的家庭蒙上了阴影，更给整个社会带来了不稳定的隐患。因此，为了我们人生未来的和谐与幸福，为了我们家庭成员的和谐与幸福，为了整个社会的和谐与幸福，我们每个人都必须坚决抵制家庭暴力，从自身做起，努力创建和谐家庭。

当然，要想真正击败家庭暴力这个家庭幸福的"大敌"，我们首先就必须了解家庭暴力，建立正确的认知。要知道什么样的行为属于家庭暴力，家庭暴力究竟是如何破坏家庭幸福的。进而我们要掌握预防家庭暴力的方法，对抗已经产生的家庭暴力行为。只有这样我们才能够有针对性地防范和纠正诸如夫妻暴力、"虐童"行为等最为普遍的家庭暴力行为，驱散家中的这些"乌烟瘴气"，共建一个和谐幸福的家庭环境。

不过，仅仅是通过与家庭暴力行为进行"斗争"的方式，仍然是治标不治本，要想真正让我们在家中能够感受到爱与温暖，能够让我们的家庭为整个社会的和谐贡献一份力量，我们还必须努力创造一个和谐家庭。

而想要真正做到这一点可并不是嘴上说说那样简单，我们必须通过营造和谐的家庭气氛，融洽夫妻间的感情，让孝道成为和谐家庭的根基，通过合理的教育方式来让我们的下一代继承和谐家风，还要懂得如何经营家庭，如何让健康与平安萦绕在每个家庭成员之间。只有我们让家中的方方面面都向着更美好、更和谐的方向发展，我们的和谐家庭才能够在岁月的打磨中屹立不倒。

而本书则在抵制家庭暴力和构建和谐家庭两个方面进行全面剖析，旨在让我们大家都能够远离家庭暴力行为的伤害，沐浴在和谐家庭的阳光之下。通过对本书内容的了解，相信我们每个人都能够建立起属于自己的和谐家庭，并维护它不受到任何伤害。

“幸福的家庭都是相似的，不幸的家庭各有各的不幸。”那么就从现在起，从我们自己做起，通过我们不懈的努力让每个人都能远离家庭暴力的阴霾，让我们都能够在和谐家庭中享受亲情的幸福，让我们的幸福“花开不败”。

第一章 对家暴说“不”，妥协只会断送幸福

当一个家庭被暴力充斥，它将再也无法成为我们停泊幸福的港湾。向家庭暴力妥协，等待我们的只能是无尽的痛苦和家庭的破裂。为了我们每个家庭成员的幸福，为了我们家庭的长久和睦，对家暴说“不”，不要给家暴以任何在我们家庭中繁衍生息的机会。

第二章 抵制夫妻暴力，别把婚姻带向坟墓

百年修得同船渡，千年修得共枕眠。夫妻间的缘分是如此难得，婚姻的幸福更是弥足珍贵，别让这来之不易的幸福婚姻因为夫妻暴力而毁于一旦。如果我们也期待着白首不相离的幸福婚姻，就别让夫妻暴力在婚姻中生根。

第三章 杜绝“虐童”行为，别以爱的名义伤害孩子

对于每个父母来说，孩子都是爱的结晶，而父母与孩子之间的亲情则凝结成了这世间最伟大的爱。然而正是因为爱之深、情之切，有时却让我们走向了极端与暴力。别让暴力行为亵渎了这份最真挚的父母之爱，别再以爱的名义伤害孩子，还这份爱曾经的纯净与温暖。

第四章 营造家庭和谐气氛，让家暴永无滋生土壤

对于我们每一个人来说，让家庭充斥着暴力都是人生一大不幸。然而要想让家庭暴力在我们的家中难以滋生，我们就必须通过努力营造和谐的家庭气氛，让它彻底失去生长的土壤。

第五章 夫妻恩爱，奏响家庭和谐主旋律

一个新的家庭的诞生离不开婚姻作为基础。同样，一个家庭的和谐也要以夫妻间的恩爱作为基础。只有夫妻恩爱，婚姻关系和谐，我们才能够奏响和谐家庭的主旋律，让我们每一个家庭成员都被这种和谐感染，从而打造出一个健康、和谐的家庭。

第六章 百善孝为先，"孝"乃和谐家庭之基

乌鸦反哺，羊羔跪乳，动物尚且如此，何况于人。孝是每个人根本的品质，更是每个家庭和谐最重要的根基。百善孝为先，一个家庭只有充满了对长辈的孝敬与关怀，它才能真正成为一个和谐之家。

第七章 教子有方，传承和谐家风

当我们已经体会到和谐家庭带来的安宁与温暖，自然也希望这种和谐家风能够世代流传，造福子孙。那么作为家长，就要学会如何教育好下一代，让这种如沐春风的和谐气息浸染下一代，让他们从小秉承着和谐家庭的理念，让这来之不易的和谐之家得以传承。

第八章 深谙治家之道，精心经营自己的家庭

优秀的治国方略成就强大的国家，国如此家亦如此。想要真正把我们自己的家建设成为和谐家庭，除了要投入真挚的感情、避免家庭暴力行为的发生外，也必须懂得治家之道，精心经营我们的家庭。

第九章 维护健康和平安,让家庭和谐永远、幸福绵长

对于我们每个人来说,健康与平安比任何事情都重要。丢了健康与平安,幸福也将与我们渐行渐远。如果我们的家庭成员连最起码的健康与平安都无法获得,家庭和谐自然也就无从谈起。

附 录

第一章

对家暴说“不”，妥协只会断送幸福

1.

家庭暴力是和谐家庭的“头号杀手”

现如今随着社会经济的不断发展，人们过上了物质条件越来越丰富的生活。然而，在我们社会的每个角落里，暴力事件频发也成了不争的事实，这种情况折射出了在我们物质生活不断丰富的同时精神道德层面发展不足的现状。而在诸多的暴力之中，有一种离我们最近，随时可能就发生在我们家中的暴力行为——家庭暴力。

家庭是社会的细胞，是培养丰富人性的土壤。家庭对社会对个人都有着深刻影响。家庭是否和睦，关系到社会的兴旺与发达，关系到国家的繁荣和发展。家庭对个人也有很重要的作用。对于孩子，家庭是其人格培训的场所；对于青年人，家庭是其学习、工作、生活的加油站；对于中年人，家庭是他们精神的寄托和工作的动力源泉；对于老年人，家庭是他们安度晚年的最可靠的心灵港湾。然而如果我们的家中充满了暴力，失去了和谐，那么这样的家无法让家庭成员感受到温暖和爱，反而成了噩梦的滋生地。因此，可以说家庭暴力是和谐家庭的“头号杀手”。

沐某经常酗酒后殴打父母、妻儿，因不堪忍受其暴行，父母搬离，妻子亦离家，留下其与女儿沐某某（被害人，殁年5岁）共同生活。2014年2月2日晚，沐某认为沐某某常在外面玩耍，难以管教，遂用绳子将沐某某捆绑在家里的柱子上，并对沐某某扇耳光、用绳子抽打。后沐某将女儿松绑，见女儿又往外跑，遂用力拉扯她的衣袖，将她拽倒在地，随后又用木棒殴打，致女儿因钝性外力致颅脑损伤死亡。后沐某将他的女儿的尸体用编织袋包裹并移至树林里掩埋。同月 11 日，沐某到公安机关投案自首。

许某平时经常打骂父母，其母被打得不敢回家。2012 年 5 月 28 日，许某又因琐事在家中殴打因患脑血栓行动不便的父亲许二（被害人，殁年 63 岁）。同月 30 日中午，许某再次拳打脚踢许二的头、面部及胸部等处，造成许二双侧胸部皮下及肌间广泛出血，双侧肋骨多根多段骨折，左肺广泛挫伤，致创伤性、疼痛性休克并发呼吸困难死亡。

1998 年 9 月，被告人朱某与被害人刘某（女，殁年 31 岁）结婚。2007 年 11 月，二人协议离婚，但仍以夫妻名义共同生活。2006 年至案发前，朱某经常因感情问题及家庭琐事殴打刘某，致刘某多次受伤。2011 年 7 月 11 日，朱某又因女儿的教育问题及怀疑女儿非自己亲生等与刘某发生争执。朱某持皮带抽打刘某，致使刘某持刀自杀。朱某随即将刘某送医院抢救。经鉴定，刘某体表多处挫伤，因被锐器刺中左胸部致心脏破裂大失血，经抢救无效死亡。

这些家庭可能曾经充满了幸福，然而当家庭暴力的阴霾笼罩了这些本来幸福和谐的家庭，原本充满欢声笑语的家很快就走向了支离破碎。曾经做过这样的统计，在监狱中 30％的杀人犯罪者的杀人行为都系家庭暴力事件引起。可见，要想让我们的生活有幸福的未来，让我们的家庭和谐美满，我们就必须重视家庭暴力问题，谨防家庭暴力这一毁灭和谐家庭的“刽子手”。

之所以说家庭暴力是和谐家庭的头号杀手，首先是因为家庭暴力侵害了受害者的人格尊严和身心健康，甚至威胁生命。在很多关于家庭暴力的调查中，多数受害者都是在被施暴时惨遭虐待甚至残害，暴力行为严重地侵犯了受害者的人身权利。如果家庭成员在家中享受不到最基本的尊重和安全，那么这样的家其实早已名存实亡。

其次，家庭暴力还给社会带来了不稳定因素。不及时有效遏止家庭暴力，受害者本人又不知用法律保护自己，在忍气吞声和长期遭受暴力的扭曲心理作用下，很可能会发生悲剧，酿成恶性事件，给社会带来恶劣的后果，极大地危害社会安定的局面。而这种不安定的社会局面又会影响到其他本还和谐的家庭，致使形成恶性的连锁反应。

最后，家庭暴力导致家庭成员间感情迅速破裂。例如，在一个家庭中如果丈夫经常对妻子实施家庭暴力，必然影响夫妻感情。当妻子无法忍受其丈夫的暴力时，以选择离婚、离家出走，甚至以暴抗暴等途径摆脱遭受的暴力，致使家庭破裂、毁灭；又或者父母经常对孩子拳脚相加，孩子一定会在心中对父母产生深深恨意，即便长大成人也会远离父母，甚至不愿尽赡养义务。试想，谁愿意跟一个天天对自己施以暴力的人保持良好的家庭关系。

并且，如果让我们的家中总是发生家庭暴力事件，还会影响子女的正常生活和成长。经常发生家庭暴力的家庭，对孩子的身心健康有着严重的影响。特别是直接对孩子施暴时，更容易使孩子的情绪产生恐惧、焦虑、厌世的心理，轻者影响孩子的情绪，致使他们自卑、孤独，影响学习和生活；重者孩子们离家出走、荒废学业，甚至还会走上犯罪的道路，让我们家庭的“传承者”就此断送。

对于每一个和谐家庭来说，家庭成员的生命健康以及尊严，和谐的外部条件，融洽的成员间感情，和谐家庭的传承者都是必不可少的要素，而家庭暴力则恰恰会破坏这些要素，让我们的家庭残破不全。每一个家庭成员不管是家庭暴力的施暴者还是受害者，都绝不会从家庭暴力中得到任何益处，只能亲眼目睹和谐的家庭渐渐在暴力的阴影中走向毁灭。因此，从现在起重视家庭暴力，预防家庭暴力，让我们的和谐家庭世代长存。

2. 纵容家暴只会形成恶性循环

其实我们每个人都知道家庭暴力是让我们的家走向分崩离析的“元凶”之一,我们绝大部分人既不想成为家庭暴力中的施暴者,当然更不想做家庭暴力中的受害者。然而有时家庭暴力之所以从产生到愈演愈烈的过程显得如此“顺理成章”,多半还是由于对家庭暴力的纵容所导致。

调查表明:一次的纵容必然会导致暴力的变本加厉。当越来越多的家庭暴力以越来越残忍的形式袭击我们,在这背后一次又一次纵容则在不断地给家庭暴力推波助澜。而对于家庭暴力的纵容背后又有着怎样的原因呢?

第一,家庭暴力之所以被纵容很大程度上是受到了守旧思想的影响。很多人认为家事就要在家中自行解决。俗话说,家丑不可外扬。即便家中发生了家庭暴力事件,很多人也抱着这样的想法隐忍、纵容,这让家庭暴力行为难以被制止,从而愈演愈烈。

第二,在家庭暴力发生后总是因为“爱”而原谅。有些时候当家庭暴力发生时,受害者很可能已经下定了诉诸法律的决心,然而当暴力过后冷静下来,却因为对这个家的爱而最终放弃,不忍让家庭破裂。抑或在家庭暴力结束后,施暴者“诚心悔过”唤起了被害者对他的爱,从而选择轻易原谅。

第三,家庭成员普遍缺乏法律意识,对于家庭暴力认识不足。在很多时候家庭暴力之所以能够发生,甚至在众多家庭成员众目睽睽之下发生,是由于家庭成员普遍对于家庭暴力缺乏认识,缺乏法律意识导致。不管是施暴者、受害者还是“旁观者”法律意识的淡薄,认为家庭暴力不犯法而一次又一次纵容了家庭暴力在家中的发生。

一日夜，德城区史女士因腿骨骨折再次住院，骨折原因竟是因丈夫毒打所致，据其介绍，这已经不是第一次了。史女士结婚两年多了，可本该幸福快乐的婚姻生活却使她苦不堪言。丈夫经常对她恶语相向，甚至拳脚相加。

2009 年，她通过网络与丈夫黄某相识。同年 11 月，两人见面，彼此条件都比较满意，便确立了恋爱关系。2010 年 2 月，两人在民政部门登记结婚，现在育有一女。

据史女士说，结婚前，她对黄某了解不深，婚后不久，两人性格矛盾开始暴露。“丈夫性格暴躁易怒、控制欲强，且有酗酒、赌博的恶习。为了赌博，他时常向我索要钱财，一旦遭拒，就对我拳脚相加，如果喝了酒，打得更凶。”史女士清楚地记得，结婚以来，丈夫对她实施家庭暴力达 52 次。

“两口子有矛盾，可以坐下来好好谈，为啥一定要动手呢？难道真的只有打架才能解决问题吗？”史女士对丈夫的做法百思不得其解。然而当询问她为何要纵容丈夫的行为时，她却说：“打归打，可关起门来还是一家，说出去也是家务事，谁管？不愿再待在家里忍受伤害，但又能去哪里呢？到头来还得跟他过下去。”

其实，倘若史女士在第一次遭受家庭暴力时就坚决不予以纵容，她的家庭现在可能已经回归幸福。正是一次又一次的纵容让她饱受家庭暴力的侵害，也让本来幸福的家成了她的“地狱”。

要想做到不对家庭暴力隐忍纵容，首先我们就决不能在家庭暴力面前示弱。当暴力发生的时候不要示弱，让对方知道我们是不可以忍受暴力的，并且有反抗手段和能力的。婚姻中其实充满了心理上的较量，任何一种婚姻模式都是自己创造出来的，如果因为觉得“家丑不可外扬”而选择默默地忍受，有了第一次就绝对会有第二次、第三次……，当我们不能忍受的时候，已经迟了。

然后我们还要做好对第一次家庭暴力发生后的处理工作。通常来说家庭暴力是否会愈演愈烈关键就在于家暴第一次发生时的处理方式。我们要贯彻允许第一次但绝对不允许第二次的坚定信念。每一个人在一生中都会犯错，如果只是第一次施行家庭暴力，那么我们应该再给施暴者一次机会，毕竟谁也不希望自己的家庭轻易破裂。然而，我们也必须对施暴者进行惩罚和警告，要明确家庭暴力如果再次发生，受害者将采取的手段和对方将承担的后果。这样就能及时终止家庭暴力行为，让和谐家庭避免毁灭的厄运。

而要想向施暴者发出警告，光靠我们自己的力量可能并不足够，要敢于向家人甚至是街道、派出所等政府部门求助。不要因为碍于面子就将家庭暴力事件“捂”在家中生怕他人知道，将施暴者的恶行向家人甚至街道、派出所反映是对他最大的威慑，也能够让他再次施行家庭暴力行为前产生顾虑，从而制止家庭暴力行为的发生。同时也可利用周围人让他知道家庭暴力的危害，对其进行劝诫，从而让施暴者从根本上放弃这种破坏家庭和谐的行为。

当家庭暴力不幸在我们身上发生时，如果我们依旧“以爱之名”对其纵容，以“家丑不可外扬”的错误认知对其隐忍，那么我们最终迎来的只能是更加疯狂的家庭暴力行为。为了我们自己，为了我们的家庭，从一开始就向家庭暴力说“不”，不要再给它任何继续蚕食我们家庭和谐的机会。

3.拒绝家暴从提升自我保护意识开始

很多时候，我们并非对于家庭暴力的危害没有充足的认识，也不是甘愿忍受家庭暴力的侵害,而是由于缺乏自我保护意识,根本没有意识到家庭暴力正在一步步侵害我们的权益,危害我们的家庭。

很多家庭暴力的受害者和受害家庭都存在这样一种现象:在家庭暴力出现之初,由于暴力行为的程度比较弱,受到的伤害并不明显而意识不到家庭暴力已经发生,但当家暴行为愈演愈烈已经对自身和家庭造成不可挽回的伤害时却悔之晚矣。要想避免这种情况,把家庭暴力扼杀在萌芽之中,我们就必须提升自我保护意识,及时发现自己受到了家庭暴力的侵害,从而在它还没有造成足够危害前,遏制它的发展。

想要提升自我保护意识,我们首先就必须了解家庭暴力的形式和界定的方法,这样我们才能够在家庭暴力一出现时就及时发现并且寻求解决的方法。有些家庭暴力的形式在最初十分隐蔽,很可能它不会引起我们足够的重视,这等于给家庭暴力的发展提供了“沃土”,而有些家庭暴力行为在出现时则会用各种“借口”进行伪装,从而让我们忽视它的存在。

家庭暴力的形式

家庭暴力包括身体暴力、精神暴力、性暴力和冷暴力(有的人认为还包括经济暴力)。

身体暴力是指家庭成员一方对另一方身体的有形伤害行为,如殴打、脚踢、嘴咬、手抓、用工具攻击等。

精神暴力又称语言暴力,是指家庭成员一方对另一方精神的无形伤害行为,如恶意诽谤、辱骂、使用严重伤害人格和自尊心的语言等。

性暴力是指配偶间或者其他家庭成员间以暴力形式的强行性行为或变态性行为如性虐待行为、故意攻击性器官、强迫发生性行为、性接触,突出的表现是近年来讨论较多的“婚内强奸”。当以下的情况发生时,我们就应该警惕是否产生性暴力行为。一是夫妻感情处于离婚诉讼期间,一审判决未生效,一方强迫与另一方而发生性关系;二是夫妻关系存续期间,一方以过分的手段强行与另一方发生性关系;三是一方违背另一方的意愿,以性虐待的方式强迫发生性关系。

冷暴力是指夫妻间以较为冷淡的方式处理产生矛盾的行为，据中国法学会公布的调查显示，在中国有65%的家庭会出现丈夫不理睬妻子的现象，20%的家庭会出现丈夫使劲关门或摔东西的行为，还有20%左右的家庭中，丈夫会威胁要打妻子。在目前有些家庭，夫妻双方在产生矛盾时，不是通过殴打的暴力方式处理，而是对对方表现得比较冷淡、轻视、放任和疏远。恶语中伤、漠不关心对方，将语言交流降到最低限度，停止或敷衍性生活、懒于做一切家庭工作，是隐性暴力中较常见和隐蔽的做法，而这也是现代家庭中的一个易被人忽视的问题。

经济暴力则是指施暴者对受害者在经济上强行加以限制，剥夺支配家庭共同财物的权利。这种家庭暴力被很多人所忽视，其造成的直接危害可能不是十分明显。然而，这种家庭暴力行为会间接导致其他家庭暴力行为的产生，它的间接危害绝不能被我们所忽视。

除了了解家庭暴力的主要形式外，我们还必须懂得如何界定家庭暴力，其实在最高法院对《婚姻法》的司法解释中我们就能够找到权威的界定方法。总结起来主要有两点：第一，家庭暴力是行为人给其家庭成员的身体、精神等方面造成一定伤害后果的行为，即家庭暴力具有类似于《刑法》中故意伤害罪等“结果犯”的特点，没有一定的伤害后果，不能认定为家庭暴力。第二，家庭暴力实施者在主观上有意愿对受害者实施包括人身和人的自由受到的侵害以及精神的伤害。

在了解了家庭暴力的形式和界定方法后，我们还必须懂得一旦发生家庭暴力事件，采取什么手段保护自己的基本权益。在家庭暴力发生后，我们第一步就要告知家人，倘若家庭暴力行为并不十分严重，那么能够通过家庭成员劝说、教育的解决方式解决是最好的选择。而如果这种方式并不奏效，那么就应该通过法律手段维护自己的权益。

另外，我们还必须牢固树立预防胜于补救的思想，平日里就积极预防家庭暴力的发生，规范每个家庭成员的行为，创造和谐的家庭氛围。家庭暴力一旦发生，很可能会让家庭中的每个成员都受到不同程度的伤害，甚至让整个家庭最终走向破裂。因此，提升自己预防家庭暴力发生的意识，学习预防家庭暴力发生的方法十分关键。

想要避免家庭暴力的发生，我们每个人必须从自身做起，增强自我保护意识，让家庭暴力难以找到任何空隙对我们实施侵害。倘若能够在家庭暴力发生之前就对它严加防范，让它难以发展，让它处在萌芽阶段时就被连根拔起，我们也就获得了长久的平安与家庭和睦。

4.

远离家暴，你只差一点勇气

大部分人可能已经对家庭暴力的危害有了清醒的认识，可能也能够及时鉴别出家庭暴力行为的发生，更知道一定要在家暴发生之初就将其扼杀在萌芽阶段。然而即便大部分人对于家庭暴力都深恶痛绝，家庭暴力仍旧屡屡发生，一个关键的原因就是缺乏勇气，未能把思想上对家庭暴力的重视付诸行动。

很多时候当一些家庭暴力的受害者在受到家庭暴力行为的伤害时，从思想上就不自觉地把自己放在了弱者的位置上，认为自己根本没有能力反抗，没有能力摆脱家庭暴力的阴影，因此只能选择隐忍和纵容。然而实际上倘若他们从一开始就鼓起勇气与施暴者针锋相对，也许从那次起，家庭暴力就再也不会发生。

宛心曾是某市一家工厂的一名女工。1992年，她认识了少白，当时两人同在一家工厂工作。认识没有多久，少白就向宛心展开了爱情攻势，并且顶着母亲反对的压力，在1994年与宛心结了婚。

婚后的最初几年，是宛心人生中最美好的时光。那几年，她和丈夫住在自己的娘家，她丈夫十分孝敬岳父岳母，把家里的体力活全包了下来。对宛心更是视若珍宝，知冷知热的。但是，自从他有了外遇，就不再关心宛心和孩子，也不再关心自己的家，经常夜不归宿，还很少给宛心生活费。宛心就靠给别人做活挣点钱维持生计。有时宛心向他要钱，他要么说没有钱，要么拿出一二百块钱扔在地上，然后扬长而去。

宛心说，她丈夫有了外遇后，就经常打骂她，为此她曾报过两次110，但最后都因为没有证据而作罢。去年秋天，因为一件小事，他又动手打了宛心。当时尽管有三个邻居拉劝他，他还是把宛心打得遍体鳞伤。事后不到两个月，他又一次向宛心施暴。一天晚上，他嫌宛心对他不太热情，便将宛心的双手绑了起来，拳脚相加。两天后，宛心的家人报了警，经鉴定为轻伤。这次宛心不再只考虑孩子，她向法院提起离婚诉讼。如今宛心又重新组建了家庭，过上了曾经渴望已久的幸福和谐生活。

对于我们每个人来说，要想摆脱家庭暴力的阴霾，想要重新建立和谐的家庭，那么在家庭暴力行为发生时，我们就要鼓起勇气与它针锋相对，采取恰当的手段掐住家庭暴力的“喉咙”，让它在我们的勇气和智慧面前逃之夭夭。当然，想要在家庭暴力面前鼓起勇气，我们就必须从认知上改变错误的观念，建立起强大的自信和决心。

第一，当受到家庭暴力侵害时，不要盲目地认为自己是“弱者”，只能默默忍受。在家庭中，每个人都是平等的，没有谁是所谓的强者或弱者。如果我们不想被施暴者当作“好欺负”的弱者，那么我们首先就不能把自己当成弱者。如果我们从一开始就认为自己有能力对抗家庭暴力施暴者的侵害,并用行动展现我们面对家庭暴力时的勇气,多数施暴者会选择退缩和悔改,因为他知道这样的行为让他占不了半点好处。

第二,我们要知道除了自己,利用公权力也能够对抗家庭暴力。当家庭暴力发生时,我们可以寻求基层街道部门的帮助,对施暴者进行教育;可以向派出所反映情况,让警察出面阻止施暴者继续实施家庭暴力行为;甚至可以通过诉讼程序向法院状告施暴者,让法律对他进行制裁。

第三,我们必须明白,我们不可能也没必要一辈子去隐忍家庭暴力,隐忍只会让家庭暴力从偶然突发行为变成习惯行为。很多人在家庭暴力面前选择了懦弱多半还是抱有“侥幸心理”,认为施暴者只是一时冲动,家庭暴力也只是偶然现象。然而就是我们对它的隐忍,让它从偶然现象成为了一种习惯。每个人的忍耐力都是有限的,可能最初的忍耐是为了保全家庭的完整,然而最后我们却发现自己依旧会因为无法忍耐而选择反抗,但是此时家早已经不像家了。要想在家庭暴力发生后保护我们的家庭幸福,那么最好的方式就是鼓起勇气及时遏止家庭暴力行为。

如果我们希望拥有一个和谐的家庭,那么在家庭暴力出现时就鼓起勇气与之对抗。其实家庭暴力的施暴者多半都是“纸老虎”,倘若我们用勇气表现出自己强势的一面,那些施暴者多半会及时终止自己的行为。这样,既挽救了自己,实际上也挽救了施暴者乃至我们的整个家庭。

5. 理智应对家暴,以暴制暴只能适得其反

在上面我们已经说到了,对于家庭暴力我们要敢于说“不”,敢于与之

正面交锋维护我们的权益、保护我们的家庭。然而有些人却在这条对抗家庭暴力的反抗之路上误入了歧途——用以暴制暴的方法去解决家庭暴力。

很多人可能会认为当自己受到了施暴者家庭暴力行为的侵害时，最好的方式就是“以彼之道还施彼身”，让对方也尝尝受到各种暴力的滋味，让施暴者进而退缩。然而，这样做往往并不能达到预想的效果，只能让家庭中充斥着各种暴力行为，从而彻底毁掉整个家庭的和谐。

小时候当我们受到其他人的欺负时，总是采取同样的手段与对方打一架，然而这终究是小孩子的办法。当我们逐渐走向成熟后就会明白，很多时候暴力不但不能解决问题，反而会让问题更加复杂。对待家庭暴力也是一样，如果我们仅仅是以暴制暴，即使我们“打赢”了施暴者，却也会最终输掉对抗家庭暴力的这场战斗。

张茹被打了20年，忍了20年。她说不知道最后怎么会动手杀人，“我实在是没路可走了。”她穿着厚厚的棉囚服、棉布鞋，说一口地道的关中话，脸上都是茫然。

那是父亲去世一周年的日子，雨下个不停。中午吃过饭，丈夫把她拖到院子里，一拳打在她鼻子上，血水、泪水和雨水流在身上，又流在地上，和着泥，成了泥水。

一次，小叔子一家来串门，她给弟媳妇诉苦。事后，这些话传到了丈夫耳中，他把她捆在树上打了一顿，变本加厉地报复。从此，别人不敢再介入。

晚上，她把一瓶安眠药倒进饮料里，在锅里加热，递到丈夫跟前。睡到半夜，丈夫突然醒来，挣扎着喊救命，可是为时已晚……

如果不是难以忍受家暴杀死丈夫，此时的张茹可能会出现在咸阳长武县中学的历史课堂上。她戴着一副眼镜，文质彬彬，时不时会说一些成语。她曾在一所重点大学获得学士学位，2004年毕业后在老家长武县当上了一名历史老师，两年后与被她杀死的丈夫结婚。

第一次挨打，是在她怀孕8个月的时候。张茹挣的钱比她的丈夫多，而她丈夫管着她的工资卡，张茹要用钱就和丈夫要。然而她的收入虽然还算丰厚，却禁不住丈夫的挥霍。她的丈夫不知何时沾染了赌博的恶习，输了钱就和她要，她不拿钱，他就打。每次在被打时她总是央求不要打她的脸，怕被自己的学生看出来。

从结婚到出事，6年，她从来没穿过短袖衣服，不能让别人看见身上的伤。张茹每天最怕的其实不是挨打，而是不知道什么时候挨打。一次，她丈夫打牌输了，回家后看到她正在睡觉，便跳上床，穿着皮鞋踩她的脸，她丈夫把床都跳塌了，张茹摔在地上，他还不肯罢休，跳起来踢她。终于，她再也忍不住了，决定进行反抗，用同样的暴力方式给自己丈夫一个"教训"。

于是第二天她偷偷把安眠药放在了丈夫的水杯里，丈夫如她预想的一样沉沉睡去，然后她将丈夫绑在了椅子上，再手拿着一根擀面杖等待丈夫醒来。当丈夫醒过来后看到手持擀面杖眼露凶光的她，顿感事情不妙，于是对张茹苦苦哀求。然而张茹却没有理会，一下接一下地用擀面杖猛打丈夫的头部，最终将自己的丈夫打死。

张茹确实用同样的暴力手段终止了施暴者的暴行，然而自己却也沦为了与对方一样的施暴者，最终迎来了法律的制裁，而本来还可能有机会挽救的家庭也不复存在。之所以说以暴制暴的方式是不能让我们赢得对抗家庭暴力的最终胜利，主要是因为：

以暴制暴会让我们也沦为施暴者，从而再次让家庭暴力行为上演。可能每一个曾经遭受过家庭暴力伤害的受害者，都希望亲手用同样的方式给施暴者一个教训。然而我们并不能代表法律，更不能替代法律执行惩罚行为，以暴制暴只能让我们也沦为与对方一样的施暴者，成为法律制裁的对象。

以暴制暴反而会让施暴者更坚定自己的家庭暴力行为。如果用同样的方式对待施暴者，那么这无疑是对他们行为的最大肯定。在他们被用同样的方式对待后，吃了亏的施暴者会因此变本加厉地“讨要”回来，让家庭暴力行为往复循环，最终直至家庭彻底破裂甚至一方付出生命的代价。

用以暴制暴的方式对待家庭暴力，往往会造成难以预料的后果。复仇的心理是最可怕的，它会让人的行为不再受到掌控。采用以暴制暴的行为多半是希望施暴者能够从中感受到家庭暴力带来的伤害，从而终止这种行为，并非主观上从一开始就想置施暴者于死地。然而当人被复仇心理左右时，就会难以控制自己的行为，在同样使用暴力行为时甚至比施暴者更加“残忍”，最终酿成不可挽回的结局。

其实对抗家庭暴力的方式有很多种，而且每一种都会产生不一样的效果，唯有以暴制暴最不可取。用这种方式对抗家庭暴力只会让我们也同样成为一个施暴者，成为实施家庭暴力的“继任者”。正所谓“己所不欲，勿施于人”，既然我们已经深知家庭暴力的危害，深切感受到家庭暴力所带来的伤害，那么就不要采用同样的方式，哪怕是对待那个曾经伤害我们的人。

第二章

抵制夫妻暴力，别把婚姻带向坟墓

1.

夫妻暴力让婚姻生活犹如地狱

现如今,家庭暴力发生频率越来越高,据统计,有30%的中国家庭都存在或发生过家庭暴力行为。在家庭暴力中,夫妻暴力则占据了很大比例。如果说家庭暴力是和谐家庭的“第一杀手”,那么夫妻暴力就是让婚后生活变为人间地狱的“元凶”之一。

俗话说:百年修得同船渡,千年修得共枕眠。两个人能够最终结为夫妻本是一件人人都羡慕的事情,也是人生另一段幸福的开始。然而倘若夫妻之间出现了家庭暴力行为,那么很快这种幸福将被抹杀殆尽,一段本可以美满的姻缘也将成为让人扼腕痛惜的孽缘。

可能有人会问,两个人之所以结为夫妻,肯定是在一起彼此都能感受到爱与幸福,又为何会发生夫妻暴力行为呢?其实仔细分析夫妻暴力背后的原因,我们就不难发现,也不难理解这种暴力行为产生的根源。

其一:历史根源。

我国男尊女卑的夫权思想根深蒂固,在这样的历史背景下,相当一部分女性夫权思想严重,女人婚后就理所应当地屈从于夫家,接受丈夫的种种支配,包括合理与不合理的,在这种相对封闭的环境下,女人缺乏平等观念和自我保护意识,对于来自丈夫的暴力往往选择默默忍受。随着时代的进步,女性从经济上和社会地位上得到了前所未有的提高,但是封建男尊女卑的夫权思想并未彻底清除,“家丑不可外扬”的思想仍然存在,她们不但不会自我保护、主动揭发,甚至竭力掩饰家暴对自己带来的伤害。

其二：社会根源。

受到"夫妻没有隔夜仇""宁拆十座庙，不拆一桩婚"等传统观念的庇护，使家庭暴力向来被视为家庭的私事，亲戚朋友都是劝和不劝离，社区居委会不告不问，司法机关对家庭纠纷不轻易插手，如未构成犯罪，对施暴者也无法处罚，致使家庭暴力的施暴者很少得到应有的处理和制裁，从而助长了家庭暴力事件的持续增长。

其三：对婚后生活认识不足。

现如今闪婚、裸婚的情况越来越多，而对婚后生活的认识则越来越不足。婚姻生活与恋爱不同，需要两个人共同面对很多问题与困难，两个人在恋爱过程中甜蜜幸福并不代表就能够经营好婚姻生活。很多人在没有认识到这一点的情况下就盲目走入婚姻殿堂，结果发现婚后生活与自己的想象完全不一样，因此就产生了很多不满。这些不满在心中不断积蓄，最终就会以夫妻暴力的形式发泄出来，从而导致婚姻暴力的产生。

其四：夫妻暴力受害者的心理因素。

很多关于夫妻暴力行为的调查都显示：一些受害人往往顾及面子，不愿求助于社会和组织，即使希望有关部门出面干预，也只是想通过说服教育来达到阻止丈夫继续施暴的目的，有的甚至是使施暴者有所收敛就能够沉默忍受，不愿丈夫受到法律制裁，而对于施暴者来说，没有任何强制手段，简单的思想疏导他们往往置若罔闻，还反而成为导致家庭暴力逐步升级的因素之一。

晚上12时刚过，在市区一小区，一女孩在大叫着："爸爸，我求求你了，我要妈妈，你不要再打了，我不要妈妈死！"伴随着号啕大哭……当晚，邻居和小区保安约有四五人出来劝架，才制止了该女人被继续殴打。

被打的女人叫阿青，因老公出去打麻将，好几天没回家，她说了老公几句，就惨遭老公的一顿毒打。据了解，阿青的老公在2006年炒股赚了几十万，买了现在的房子，后来做什么都不成。一次，阿青的弟弟和她老公一起做生意，亏了，弟弟却一声不吭离开了阳江。她老公因此经常骂她:你弟弟骗了我几十万,都是你害的,我跟你就是倒霉,我有今天全都因为你。

由于没有什么正当的工作,阿青的老公经常会出去打麻将,动不动就几天不见人,晚上也很少回家住,但每次输钱回家就把怨气撒在阿青身上,对阿青拳打脚踢。"我娘家爸爸妈妈都不在了,弟弟又不争气,被打后,我无处可去。"阿青说,每次被打后,她都不知如何是好,她曾想过和丈夫离婚,但两口子过日子,谁家不打打闹闹,且女儿仍年幼,离婚对女儿的成长不利,咬咬牙,便一直忍耐着。

佳与成是同一单位的公务员。成受传统观念影响,一直希望婚后佳能为他生下一儿子"传宗接代"。婚后一年,上天却没如他所愿,佳生下一女儿。在外人看来他们一家三口幸福美满,可佳却是有苦难言,原来成因她生女儿对她不理不睬。

"我觉得自己快要崩溃了。"佳说,女儿出生后,她的老公几乎每天都不主动同她说话,有时她想谈谈,两人沟通一下,老公也总是一副冷冰冰的样子,她的话根本就说不出来。这让她心里非常憋得慌,想发泄不能发泄,想解决也没办法。"我老公也算是一个知识分子,却这样不通情理,冷漠狠心,这冰冷的日子让人太受煎熬了。"

女儿一岁多时,精神上被折磨得疲惫不堪的佳曾向家人诉苦,想离婚,可是善良传统的母亲总劝她要知足,不要胡思乱想,于是日子就这样冷冰冰地过了下来。

用暴力的方式发泄自己心中的不满和怨气是夫妻暴力产生的最直接原因,而之所以施暴者会用夫妻暴力的方式来释放自己心中的负面情绪,究其原因还是以上刚刚说的几点。对于历史根源与社会根源,我们可能凭借个人的能力难以改变,然而这两方面原因并非主要原因,否则也不会有那么多夫妻能够过上幸福和谐的婚姻生活。因此,我们必须从建立正常的婚后生活认知，对于自己对家庭暴力的局限思想也要努力改变。只有这样我们才能够从根本上避免让婚姻逐渐成为折磨我们的“地狱”。

不要再认为我们对对方的爱能够唤起施暴者的良心，不要再认为为了保护来之不易的婚姻而隐忍是最佳的选择，不要再让夫妻暴力的血腥场面充斥我们婚姻生活的每个片段。夫妻暴力只会让婚姻成为真正的“坟墓”，唯有拒绝夫妻暴力，才能够真正收获美满的婚姻和幸福的生活。

2.

向冷暴力说“不”，别让婚姻渐渐“冻死”

一提到夫妻暴力，我们首先想到的可能就是那种传统意义上的“拳脚相加”。其实相比于这种“传统夫妻暴力”而言，现如今一种新型的夫妻暴力则对和谐婚姻生活往往更具有杀伤力，那就是冷暴力。

所谓夫妻冷暴力，顾名思义不同于传统意义上对受害者进行肉体摧残的夫妻暴力，冷暴力更多的是通过暗示威胁、语言攻击、经济和性方面的控制等方式，达到用精神折磨摧残对方。这种方式产生的巨大心理压力会使对方接近崩溃，同时伴随着的是婚姻的隔阂与不信任，最终导致婚姻的结束。

曾有调查表明：冷暴力目前的发生概率居于所有类型夫妻暴力之首，而其极强的隐蔽性和对受害者心理以及婚姻的破坏力让它造成的伤害不容小觑。夫妻冷暴力虽然不会对肉体造成伤害，但由于冷漠、互不理睬，同在一个屋檐下却无言语交流形同陌路，对双方的心理、情感都会造成毁灭性的打击。

由于冷暴力并不像传统夫妻暴力那样容易引起人们的重视，通常情况下都能够持续很长时间，甚至贯彻整个婚后生活的始末，这让夫妻双方每天都承受着巨大的伤害，其伤害的较强延续性成为冷暴力毁掉婚姻的“杀手锏”。并且，在这种长时间“温水煮青蛙”式的冷暴力里生活，很快就会让夫妻双方都丧失了警惕，任由冷暴力滋生发展，最终让婚姻走向末路。

冷暴力对夫妻双方的心理还有着更深远的影响，即便是这段婚姻已经结束，这种影响都难以消除。经历过冷暴力而导致婚姻失败的人，往往会对婚姻产生严重的恐惧心理，即便是开始了另一段姻缘，也会对新的配偶心生芥蒂。可以这样说，传统夫妻暴力造成的肉体创伤早晚都会愈合，而冷暴力造成的心理伤害可能一生都无法复原。国外曾经有学者做过调查，经历过夫妻冷暴力的人中有19%曾经想到过自杀，38%被诊断为抑郁倾向，更有10%的人罹患严重的心理疾病。

在外人眼里，黎某的家庭让人羡慕。她是某杂志社的中层干部，丈夫是一家大型企业的总工程师，女儿在重点小学读书，他们还在郊外买了一套别墅，她和丈夫各自有一辆价格不菲的轿车。

以前，他们家离上班地点有点远，丈夫每天下班后都会去接她。遇到生日或者结婚纪念日，丈夫还会买点小礼物让她惊喜一下。然而后来他们经常因为一点琐事吵架。有一次吵架，黎某可能过于愤怒，把丈夫心爱的紫砂茶壶摔了个粉碎，丈夫用那充满蔑视的眼神瞟了她一眼，然后一字一顿地说：“我真后悔娶了你这样的女人。”第二天是黎某36岁生日，晚上下班回家后，丈夫好像忘记了她的生日。从那一天起，失落和无助的情绪，开始笼罩着她的婚姻生活。

那次吵架后，丈夫再也没有对黎某有过一丝的亲热。每天下班回家，他吃完饭，便一个人躲到书房里看书或上网，经常是半夜两点多才上床睡觉。除了一些不得不说的话之外，丈夫很少跟她交流什么。有时候，两人一个星期都说不上十句话。那种看似无声无息却又时刻弥散在家庭中的冷气氛，让人充满窒息感。黎某觉得哪怕丈夫是骂她打她，她也会好过一点，有时候黎某真想跟丈夫吵一架，发泄一下也好啊，可丈夫就是不理她。每天看他那不冷不淡的眼神，黎某的心里就发毛。

这种精神上的折磨，其实比肉体摧残更残忍。黎某觉得如果她继续忍气吞声，她的生命将在痛苦和孤单中延续。所以她决定放手。她相信，会有一个人，站在灯火阑珊处等着她。因为幸福是自己争取来的，而爱情，经不起太多的冷漠。在这样的境地中对他放手，其实也是为了成全自己的幸福。

本来仅仅是一次争吵后的过激行为，本来这次争吵应该与之前一样很快就能够过去，然而正是由于一方开始进行冷暴力，最终让这段令人羡慕的婚姻走上了末路。倘若当初能有一个人先开口，融化冷暴力在两人之间产生的“坚冰”，这段婚姻可能还会是幸福的。

其实不管再恩爱的夫妻，哪有没吵过架的，如果因为争吵就采取冷暴力的手段，那么夫妻双方受到的伤害都将是无法想象的。其实这样相似的场面在我们的生活中频频出现，而要想避免婚姻被冷暴力彻底摧毁，我们就必须拒绝冷暴力，哪怕吵架也一定要开口，只有交流才能让夫妻感受到彼此的爱。

就像曾经热播的电视剧《中国式离婚》中演的那样：刘东北和娟子办完离婚手续后在马路上依依不舍，女的问：“我们以后还是好朋友吗？”男的说：“当然是啦。”然后犹豫了一下问：“我们还是复婚吧？我还是很爱你的。”一瞬间，女的禁不住热泪盈眶，抱着男人的肩膀哭道：“我也是……”

将我们的夫妻幸福从冷暴力中挽救出来有时仅仅是开一下口。别让婚姻幸福被渐渐“冻死”，从现在起拒绝让夫妻双方都感到“窒息”的冷暴力，别再让彼此的心灵饱受折磨，让交流还我们的婚姻温暖与幸福。

3.

有些话不能说，“语言暴力”同样危害巨大

我们刚刚已经说过，争吵是发生在每对夫妻之间再正常不过的事，宁愿争吵也绝对不能进行冷暴力。然而不可否认的是，有些婚姻确实是在争吵中逐渐凋零。究其原因并非是争吵本身导致了婚姻的灭亡，而是隐藏在争吵中充斥着整个婚姻生活的“语言暴力”在作祟。

很多夫妻间可能都发过这样的事情：两个人因为一些生活琐事而争吵，吵着吵着就从对事情本身的看法分歧上升到了互相谩骂，甚至互相对对方的人格进行侮辱，吵急了甚至口无遮拦地将对方的家人一并“牵连”。而在这一过程中其实就充满了“语言暴力”，而它对夫妻感情造成的伤害绝对不容小视。

“语言暴力”就好像是一场战争，运用蓄意设计的语言作为“炸弹”，用以惩罚对方、归咎对方，并以此辩护自己的行为和决定是正当的。虐待的言语充满了挖苦和贬抑，企图使对方感到难过，让对方看起来是错的一方，也使对方看起来是无能的。这种暴力对于夫妻间的感情会产生难以愈合的巨大伤害，会让双方认为彼此之间不再有爱，从而很快导致婚姻的消亡。

“语言暴力”相比于其他形式的夫妻暴力，让施暴者更难意识到自己的错误，也更难诚心悔改。我们每个人都会发脾气，也都会说些事后会后悔的尖锐言语，但如果我们在理智上和情感上是成熟的，便会承认这是一种不适当的行为。我们会向配偶表示后悔，会请求原谅，两人之间的关系会得到愈合。但相反的，一个口头施暴者很少会请求宽恕，也很少会承认暴虐的言语是不恰当的。一般说来，施虐者都会把这种施虐归咎于配偶，例如，“她活该”便是施虐者的态度。

结婚后下半年李丽就与丈夫有了女儿，当时她上班地方比较远，整天只觉得缺觉，于是睡得总是比较沉。有天晚上女儿哭居然没把她吵醒，倒把她的丈夫给吵醒了，打搅了他的睡眠可了不得了。他一把拽起李丽，张口就骂："你是聋了，还是白痴？娃娃闹也不管——挺尸吗？真是个讨命鬼，我恨不得掐死这孩子……"

这是他第一次如此恶语相向，以前他偶爆粗口，李丽还找各种各样的理由为他开脱：累了，心情不好了，身体不佳了，男人都这样……。是的，因为爱他所以处处为他考虑，替他开解。可是，那个午夜李丽彻底崩溃了，她的身体僵硬如一根木头，她的心如冰块，冷到极点！李丽不想争，不想吵，那一刻，她抱着女儿在床脚蜷缩成一团。这真的是一位受过高等教育的男人对他的妻子说的话吗？她无法相信。从小到大她没有被人这样深深地侮辱和伤害过，这让李丽真的无法接受。

然而这次的隐忍并没有让以后的日子好过，这样的语言暴力越来越多，时间长了李丽都感觉麻木了。然而，毕竟离婚也不是容易的事。每次大吵和辱骂之后，照例是冷战，就算明摆着是她丈夫的错，她的丈夫也绝对不会向她道歉的。冷战数日后，她的丈夫一个轻描淡写的动作——拍拍肩，拉拉手，或者丢个笑话，就把这一切都化解了。直到下一次再爆发。下一次不知又为哪桩鸡毛蒜皮的事暴跳如雷。

年前，李丽得了重感冒躺在床上没有做饭，她的丈夫给自己下了碗面就自顾自地吃起来，李丽有点生气就起床说："你可真行，自己吃自己的，我辛辛苦苦家里家外地忙，怎么就得不到你的半点关怀？"就这么一句抱怨可了不得了，她的丈夫"蹭"地跳起来说："哦，你念叨个啥？我真想把你掐死算了。"说着双手如爪扑到李丽面前，做出掐人的动作说："你别把我逼急了，我死也要先掐死你。"李丽瘫软地靠在墙上，大气都不敢出，一个字都说不出来。

虽说哪家夫妻都有口角，然而李丽却被丈夫这种过激的言语一次次吓出冷汗。认为他总为丁点的小事动不动就要烧房子，要掐死自己，要砍了自己……她在他一次次骇人听闻的言语刺激下朝不保夕，她害怕真在哪一天发生哗市之举，她甚至把遗书都写好了。

看了李丽的遭遇，我们还会认为仅仅停留在口头上的“语言暴力”没有什么杀伤力吗？“语言暴力”其实就好像一个看不见的拳头，每一次挥舞都会重重打在被施虐者的心里，相比于对肉体的伤害，这种伤害往往更痛彻心扉。

“语言暴力”带给婚姻感情的伤害其实远比我们想象得大得多，甚至完全不亚于传统式的夫妻暴力。长期以来饱受语言虐待的人都说：“我的情感已经死了，我以前会觉得受伤和愤怒，但现在，我所有的感觉就是冷漠。”

那么究竟怎样区分争吵和“语言暴力”呢？

首先，“语言暴力”与争吵最大的区别就是对对方人格的攻击。我们都知道“就事论事”的道理，即便夫妻间因为意见不合而发生争吵，我们也应该让争吵停留在这件事上。一旦争吵变成了人身攻击，一方开始利用言语对另一方的人格进行侮辱和打击，那么“语言暴力”就已经在进行了。

其次，“语言暴力”的发生往往伴随着一方理智的丧失。我们可能都经历过夫妻争吵，然而吵归吵，在争吵的过程中我们却没有丧失起码的理智和对是非的判断力，因此在争吵过后我们往往能够总结自己的错误，从而最终与自己的另一半冰释前嫌。然而“语言暴力”并非如此，它往往是一方完全丧失理智后的言语，言语中充满了对自己正确性的不可否认和对对方错误不能抵赖的态度，甚至是一些过分的“威胁”。这种态度并非建立在客观的认知上，而是完全丧失理智后的“不讲理”。

最后，“语言暴力”的另一大特点就是往往会波及不相关的人与不相关的事，尤其是对方的家人和对方曾经犯过的错误。很多夫妻在争吵时，如果一方自觉理亏而又不想承认，往往就会搬出一些陈年旧事进行批判，例如说“你这次也别说我，上次你也怎样怎样”之类的话。更有甚者开始辱骂对方的家人，借此发泄自己心中的怨气。像这种完全脱离争吵本身，将周围的人和曾经的事都拉扯进来用以打击对方的言语都是典型的“语言暴力”。

夫妻吵架中最不该出现的五句“语言暴力”

“离婚”

离婚是两个人的爱情已经耗尽，彼此的心都凉透了，在一起已成为一种折磨。相互厌恶已无可救药时而做出的无奈选择，而不是用来吵架时要挟对方的狠话。就算你是有口无心的，但这在对方心中已造成阴影和裂痕。从而会觉得也许你已开始不想与自己好好过生活了，我也没有必要自作多情，就这样吧。如此一来，一段原本美满的婚姻最后走向了结局。

“我瞎了眼”

这四个字是吵架时最伤和气的字了，就这四个字已给对方传递了彻头彻尾否定的信息。以至于表达出自己对对方的失望而不惜来自损。这四个字给对方的感觉就是一颗离他/她越来越远的心也渐渐失去温度。

“我倒了血霉”

当你发现你与他/她在一起时不是那么美好，反而是一件很晦气的事时，这个人还会相信你对他/她的爱吗？当你再跟他/她说我爱你时，傻子都会去怀疑这句话的真实性。因此，我们足以断定这几个字的杀伤力有多大了。

“我真受够了你”

吵架时说出了这一句话，也就是告诉对方，你已经到了忍无可忍的地步了。因此才会有如此激烈的表达。这样的表达给对方就是一种立马掉入冰窟的感觉。

“嫁(娶)你是最大失误”

吵架时如果说出了这样的一句说，就已将爱情杀死，让对方心如死灰。

如果你还想与对方好好一起过日子，那么就不管当时有多生气，都不要一时脑热地说出这样一些让自己后悔的狠话。一旦你说出来了，你的婚姻就是凶多吉少了。就算勉强维持，但婚姻中已出现内伤和裂痕。要知道，破镜不能重圆。就算重圆也会有裂痕。

当“语言暴力”不断出现在夫妻间的交流中时，夫妻间就会渐渐竖立起一堵看不见的“墙”，让夫妻逐渐产生隔阂，甚至怀疑自己曾经想与对方结为夫妻的判断，这无疑让和谐的夫妻生活难以维持。有人曾经说过，“生死在舌头的权下。”其实我们婚姻的“生死”一定程度上也取决于夫妻彼此的舌头。要相信“语言暴力”同样可以带来死亡——心灵的死亡，爱情的死亡。

4. 寻求外界干预，快速走出家暴“阴影”

前面我们已经提到了很多次，我们绝不能在夫妻暴力面前妥协，不能让我们的软弱导致暴力行为愈演愈烈。然而在有些时候，作为受害者的一方，我们可能确实有各种各样的原因导致无力依靠自身进行反抗，但这并不代表我们就没有任何办法，其实我们完全可以通过寻求外界干预的方式来让更多人帮助我们制止施暴者的暴行。

其实对于很多长期忍受夫妻暴力的受害者来说，他们之所以难以终止施暴者的暴力行为，并非施暴者过于强大，而恰恰是怀揣着“家丑不可外扬”的守旧思想，任由施暴者在家中对自己进行欺凌。要改变这种想法，我们就必须更正自己的认知。

作为夫妻暴力的受害者，我们将这件事情诉诸外界寻求干预对于我们自身来说并没有什么可丢人的，相反这才是表明我们在面对夫妻暴力时有勇气和智慧的方式。作为夫妻暴力的受害者，我们在寻求外界帮助时多半都会赢得外界的同情，同时利用舆论的力量，我们往往也能够起到震慑施暴者的作用。

并且，寻求外界干预是我们成功摆脱夫妻暴力的最稳妥手段。一般来说，当我们将夫妻暴力行为向派出所、街道等政府部门反映后，通常都会获得相应帮助，并且这种帮助还带有法律上的强制性，能够强制规范施暴者的行为，并让他们知道我们是有武器可以对付他们的，让他们彻底放弃继续施暴的念头。

李铭辉（化名）老人今年 82 岁，他和老伴已经生活了 50 多年。今年 4 月份，他一纸诉状交到东兴区法院：申请离婚。原来，李铭辉早年读过书，有文化，所以经常出去和别的老人谈论时事。然后，本来正常的户外活动，在老伴眼里却是“坏事”。

李铭辉的老伴今年 70 多岁，她生性多疑，还“暴脾气”。每次李铭辉外出，老伴就猜疑，回家还讯问，稍有不对就殴打李铭辉，以至于李铭辉身体常有淤青。虽然如此，李铭辉还是多以忍让，维系着婚姻至今。然而他的忍让并没有让老伴放弃暴力行为，反而对他变本加厉，不得已他只得向自己的儿子求助。

儿子在得知父亲的这种情况后，劝他应该通过法律手段来解决问题，毕竟法律对于每个人都是公平的，并且是有强制执行力的，通过法律手段一定能够摆脱这种夫妻间的暴力行为。于是八旬的李铭辉一纸诉状将老伴告上法庭，希望法庭同意离婚。

法院经过多次调解和三次审理，终于判决李铭辉离婚。判决下来后，儿子明显看到了自己的父亲深深地松了一口气。

其实除了诉诸法律手段外，寻求外界干预来解决夫妻暴力问题的方式还有很多，法律手段只是最后的“保险”。在很多时候，我们能够获得家人、基层居委会甚至是朋友的帮助，都能够让我们尽快摆脱不得不承受夫妻暴力行为的现状。

比如，我们可以首先采取向家人诉说的方式，通过亲情的途径来感化施暴者或对施暴者予以批评，施加心理压力。倘若施暴者发现连家人都认为他的行为是错误的，他很可能重新审视自己的暴力行为，从而改正。最不济也能够迫于家人的压力，在行为上稍加收敛，不敢任意妄为。

我们还可以找街道、居委会出面调解。国家之所以设立这样的基层政府部门，就是为了帮我们解决像夫妻暴力这样的事件，向他们反映情况也一定程度上能够对这样所谓的“家丑”保密。有时候也许家人的干预并不能让施暴者改过自新，然而如果有政府部门出面解决，施暴者就不得不予以重视，并通过调解、教育等方式明白自己这样的行为会导致的后果和对夫妻感情的伤害，进而终止暴力行为。

当然，如果所有非强制手段都无法阻止施暴者继续自己的暴力行为，那么我们就应该使用法律作为最后的“武器”。在法律上，如果夫妻双方一方对另一方存在严重的暴力行为，那么是可以由法院宣判强制离婚，并且如果造成了严重的实质性伤害，还可能追究施暴者的民事、刑事责任，让其受到应有的惩罚。

当面对夫妻暴力时，不要再让自己孤立无援一个人苦苦支撑，我们完全可以通过恰当的方式寻求外界干预，让更多人了解到我们的处境和施暴者的行为，通过家庭、社会、法律的力量来维护自己最后的权利。

5.

不要放弃离婚这最后的退路

其实如果我们分析很多夫妻暴力的案例就不难发现，有些夫妻暴力行为在我们看来着实令人发指，然而为何遭受了这些暴力行为的受害者却仍旧忍受着这种折磨呢？如果我们去问这些受害者就能够得出一个惊人的事实：他们之所以还在忍受施暴者的暴行，只是不想离婚而已。

确实，离婚意味着家庭的破裂，意味着自己苦苦经营的婚姻走向末路，这是我们每一个对家对婚姻有着深深热爱的人都不希望看到的。然而我们不能忽视的是，我们之所以珍惜我们的家庭和婚姻，是因为它们能够给我们带来温暖与爱，而并非是虐待与伤心。倘若夫妻之间已经出现了暴力行为，那么只一味地为了保住婚姻而忍受，其实早已经背离了我们的初衷。

在夫妻暴力面前永远不要放弃离婚这最后的退路，有时选择放弃、选择离开给我们带来的是解脱，是崭新的未来，是幸福的前路。

其实我们每个人都不会愿意过着充满暴力的婚姻生活，然而之所以难下离婚的决心，多半还是心中有所顾虑。其实这些顾虑都是多余的，作为夫妻暴力的受害者，没有任何人、任何事可以剥夺我们离婚的这一最后退路。

有些夫妻暴力的受害者之所以选择忍受而不离婚，首先就是担心离婚后本已习惯的生活会被打乱，或是担心自己无法撑起一个家。然而我们谁都不比其他人傻，都有一双手，如果说夫妻暴力已经让我们的生活面目全非，完全不是自己理想中的幸福生活。那么何不放弃这段婚姻，重新依靠自己来为自己争取幸福。与其把未来的生活和幸福寄托在一个只会对我们拳打脚踢的人身上，不如靠自己显然更有希望。

另外一个原因就是担心离婚让自己的家庭破裂，让家庭中的其他成员因此而伤心难过。曾经有过这样的报道，一个女子经常被她的丈夫毒打，然而当问及她为何不选择离婚时，她却说不想让自己的婆婆伤心，因为她的婆婆对她特别好。这样的原因看起来确实也属人之常情，然而我们不要忘记，婚姻始终是夫妻二人的事情，能否真正得到幸福的婚姻生活也主要需要依靠夫妻二人共同努力。倘若我们的另一半已经用暴力让这段婚姻沾满了鲜血，那么与其为别人考虑就不如多为自己的未来和幸福考虑，毕竟与我们一起生活的终究是我们的另一半，而不是其他家人。

除了以上两种原因外，还有一种也是最普遍的原因就是为了孩子。很多夫妻暴力的受害者之所以选择隐忍，只是一句话“为了孩子”。这句话看似好像展现了爱子之心的伟大，也让隐忍夫妻暴力行为成了“不得不做”的事情。然而，如果我们的孩子每天看到我们忍受夫妻暴力的折磨，真的就对他们的成长有好的作用吗？那不妨让我们看看这个生长在充满夫妻暴力家庭中的孩子的故事吧。

A母是某大学外语系教授，为人善良而温和，家庭出身良好，习惯忍让包容。A的父亲，A没有说他的职业是什么，但据说收入不佳，人品极差。

A父长期有酗酒的毛病，每次遇到事情(比如事业受挫)就会去喝酒，喝醉了回家就打A母出气。A母开始遇到家暴的时候也想离婚，但是每次A父都会声泪俱下地挽留，表示这绝对是最后一次家暴，A母总是一心软想想曾经的感情，想想女儿，想想离婚以后再嫁不易就算了。

虽然A父没打过A，打的都是A母，但是给A留下的心理阴影还是巨大到让A至今抵触任何男性触碰。A曾说过，她有很长一段时间非常害怕回家，她觉得一回家就有不好的事情发生，不是家里东西摔得七零八落就是妈妈又被打了。即使一切太平，这份太平也不会长久，只要有人拉她爸出去喝酒，或者到了月末A父没钱花，麻烦就又来了。A还对我说，她爸从来没有打过她，但是每次打她妈的时候她情愿爸爸打的是她，好歹这样妈妈就不会心软不离婚了。

A念初中的时候，有次A父连续喝醉了好几天，喝得没钱了就回家打老婆要钱，要完钱继续去喝，最后把A母肋骨都打断了，昏迷的A母被A送进了医院。A说她当时虽然一方面觉得对父亲恨得要命，对母亲无比心疼，但是另一方面又觉得有点解脱。都打成这样了，这次母亲一定会离婚了吧。

谁知道，A母醒来以后，第一眼看见的就是一个胡子拉碴的男人红着眼睛跪在她病床前求她看在女儿的份上不要离婚。A母本来都铁了心了，但是想想女儿可怜，觉得单亲家庭要给小孩子阴影，于是A母又犹豫了。

A说她当时简直不敢置信，她对她妈说，妈妈你不用考虑我，这样的人渣我都不屑叫他爸爸，没了只有更好。求求你离婚吧。我们母女两个好好过。A说当时她母亲的工资比父亲高好多，负担母女两个的生活完全没有问题，而且房产也是母亲的婚前财产，可以说完全没有后顾之忧。但是A母低头沉默半晌，说，“你还小，还不懂。要是妈离婚了你可怎么办呀，单亲家庭的孩子要受影响的，妈都是为了你，你爸也跟我们保证改过了，这次就再给他一次机会吧。”

A说，以前她都是恨她爸爸，从这一刻开始，她也恨她妈。她说她终于明白了什么叫可怜人必有可恨之处，她说她最恨的就是那句“妈都是为了你”，A说如果真为了她，就该在她求她妈离婚的时候果断离了。

后来A为了离开这个乌烟瘴气的家，初中的时候发奋用功，考上了本地最好的高中——因为该高中是寄宿制，可以不用频繁回家。

A念高二的时候，父亲再一次把母亲打住院，这次打到脏器破裂。A母又来了老一套，说为了A还是不离婚了。

A说她那时候觉得这样的日子真是过够了，再不离婚第一个疯的是她。于是对母亲说:“你离不离婚?不离我就再不去上学。你不是老说为了我吗,为了我你就离!你是要你的婚姻还是要你女儿的未来!”

最后A母终于离婚了,A母一开始还犹豫,A为了给妈下猛药居然真的不去上学。女儿的做法让母亲走出了婚姻的阴霾。

可见,如果我们一味忍受夫妻暴力,让孩子在一个充满暴力的家庭里成长,那么对他们来说很可能承受着比我们更大的内心折磨。与其如此,不如让我们与孩子都从夫妻暴力中得到解脱,选择离婚有时才真正给孩子撑起了一片“蓝天”。

别再以任何理由说服自己坚守一段充满血泪的婚姻里,别再以任何原因剥夺自己远离夫妻暴力折磨的权利。永远不要放弃离婚这最后的退路,当我们放弃了一段本不该坚持的婚姻和感情,我们也许才有机会收获真正的幸福人生。

6. 别让“爱”成为忍受家暴的心理慰藉

前面我们已经说到了,有些夫妻暴力的受害者之所以长期忍受这种折磨,就是因为考虑到父母、子女甚至是身边人的看法等因素。实际上,除了这些家庭、社会因素外,有些时候我们还会因为爱而不舍一段早已被暴力行为扭曲的婚姻。

可能很多人会认为,婚姻虽然是以爱情作为基础,然而应该不会有人因为“爱”这种虚无缥缈的东西而肯忍受夫妻暴力的折磨。然而事实并非如此,每个人都是有感情的,而对于一段可能已经持续了一段时间的感情难以割舍也是人之常情。可能作为旁观者我们难以理解,但是假如发生在我们自己身上,也许我们也会如此。

其实在这里我们所说的“爱”,并不仅仅是爱情,其中也有着对一段婚姻的习惯,习惯了与自己另一半相处的这种节奏。正所谓日久生情,想要放弃一个朝夕相处,也同甘共苦过的另一半并不是一件容易的事情。

然而一个不争的事实同样摆在我们眼前,夫妻暴力对我们的折磨、对婚姻的破坏确实在发生,而如果我们因为“爱”就忍受种种暴力行为,那么最终也只能让这份“爱”被抹杀殆尽。与其遍体鳞伤之后才幡然醒悟,那么不如从一开始就别让“爱”成为忍受夫妻暴力的心理慰藉。

因此,我们必须更正自己的观念,不要把“爱”当作婚姻中唯一重要、唯一值得珍惜的东西。固然对彼此的爱是每对夫妻心中都最为珍重的感情,然而只有“爱”却不足以撑起幸福婚姻。其实从我们步入婚姻的一刻起就应该明白,决定一段婚姻能否幸福的关键除了爱还有很多很多,“和谐的关系”就是其中之一。倘若我们只是因为“爱”而一味纵容夫妻暴力行为的发生,那么这段婚姻最终也将难以挽回。

我们还要明白,正是因为我们对这份夫妻感情的珍重,我们才应该竭尽所能抵制夫妻暴力。无数现实中的例子已经证明,一个充满夫妻暴力的婚姻是难以给夫妻双方带来幸福的,夫妻间的“爱”最终也会被暴力消磨殆尽。因此如果我们确实对这份“爱”无比珍惜,那么就必须杜绝夫妻暴力行为。哪怕最终我们不得已以离婚作为手段,起码这份爱在我们心中还没有完全消亡,也算是留下了一些美好。

我们必须清醒地意识到,很多时候我们之所以以“爱”之名选择忍受夫妻暴力,不过是为了掩饰我们内心的胆怯和懦弱。很多夫妻暴力的受害者之所以长期忍受折磨,很大程度上是心中还没有足够勇气,甚至本来仅有的那点勇气也已经渐渐消逝。导致这一切的其中一个原因,就是他们总以“爱”为借口来掩饰自己内心的软弱,甚至到了最后连自己都被自己所欺骗,认为自己真的是为了“爱”而承受痛苦,反倒认为自己有一些

“伟大”。一旦有了这样的错觉,那么对于每一个夫妻暴力中的受害者而言,都是最为不幸的事情。

不要再因为“爱”而纵容、忍受夫妻暴力,别再口口声声说因为珍惜这份夫妻之情所以每天忍受煎熬。如果我们真的对夫妻感情如此珍重,那么就别让这份“爱”被暴力所亵渎,不要再让爱成为我们忍受夫妻暴力的“借口”。

第三章

杜绝“虐童”行为，别以爱的名义伤害孩子

1.管教不等于打骂,做个懂孩子的父母

有人说:孩子是父母的掌中之宝,无论怎样爱惜呵护都觉得不够;也有人说:孩子是父母生命的延续,寄托了父母无限的期望。我们每个已为人父母的人都深知一个道理:孩子就好像一张白纸,唯有细心管教才能让这掌中之宝真正绽放光芒,才能让我们寄托在孩子身上的希望得以实现,让我们的生命以最“完美”的形态得以延续。可以说,没有任何一个父母不是望子成龙、望女成凤。

然而,正因为我们对孩子寄予厚望,竭尽所能教育与管教,而孩子有时却并不如我们所愿,于是有些父母怀着“恨铁不成钢”的执念,开始采用本不该用于自己最挚爱的骨肉上的方法——打骂。

我相信,其实在这个世界上没有任何父母是从心底想要用打骂的方式虐待自己的孩子,毕竟“虎毒不食子”,自己的孩子哪有不疼不爱的。不过就是受到了这种世间最“极端”的爱的影响,有些父母有时在管教孩子的手段上也逐渐走向了错误的极端。作为父母,我们时刻都应该铭记:管教不等于打骂,与其打骂孩子,不如学会如何懂孩子,千万不要在不经意间就让孩子幼小的心灵被我们的打骂所伤害。

其实,父母之所以会在管教孩子时走入打骂孩子的歧途,主要还是受以下一些主客观因素的影响。

第一,父母在管教孩子时会受到传统教养观念的影响。不可否认,传统的教养观念对我们仍有着潜移默化的影响,例如“不打不成器”“棍棒底下出孝子”等。因为在传统观念中，父母与孩子的关系就是上对下，并没有尊重孩子、和孩子平等相处的概念。传统文化的尊重多放在平辈的相处上，但在亲子关系中则十分欠缺。

第二，父母在管教孩子时还会被自己的主观情绪所影响。如果家长的心智不够成熟，那么对孩子而言就是很沉重的压力与包袱。当在生活中遇到困难或挫折时，有些家长就容易把怨气发泄到孩子身上。当家长对自己生活或工作的期望无法满足时，就更希望孩子可以完全按照他的指示来行事，一旦孩子的表现不能令家长满意，那么这类家长多半会打骂。

第三，除了受到情绪影响，打骂孩子的教育方式往往还是由于父母自己的童年经历导致。由于没有及时接受新知识，或是经验不足，所以有些家长就直接套用原来自己父母的管教模式，只要不顺父母的意，就会受到这样的打骂处罚。因此，当他无法使自己的孩子照他的方式来做事或生活时，也就喜欢用最熟悉的方式管教孩子。

第四，有些父母由于想要寻求管教孩子方法上既快速又省事的方法，而当孩子被打骂之后往往由于害怕等因素会最直接地选择听从父母，因此一些对自己孩子不够负责任的“懒”父母就认为这是管教方法里最行之有效的。

不过，虽然打骂在一定程度上确实有规范孩子行为的作用，然而经常打骂会留给孩子一个非常不良的早期经历，而发展心理学认为人的早期经历往往对人的一生起到了决定性的作用。经常被打骂的孩子往往会在人格、世界观、价值观上存在较为明显的缺陷，这将给他们的人生带来更大的风险。

其实要想不通过打骂也能达到良好的管教效果，让自己成为一个懂孩子的父母也并非是十分难以做到的事情，只要掌握适当的方法，我们就完全能够避免用这种“暴力”的教育方式给孩子的童年蒙上厚重的“阴霾”。

九大高招教你不打不骂把孩子管教好

(1)多了解孩子。

在忙于生计的同时,家长一定要抽出时间来多了解孩子,与孩子、保姆、孩子的老师多多沟通,尽量对孩子在幼儿园和家庭中的表现有一个全面把握。多一分了解,就少一分误解。这样一旦孩子真有不听话的时候,也能比较明白应该如何去引导孩子。这点是最最重要的。

(2)吸收教育知识。

社会在变化,孩子的成长环境也在变化,那么教养方式自然也要不断进步。身为家长,就要责无旁贷地主动吸收教育新知。在传统的亲子教育方式中,多半是父母用权威来教育孩子,而打骂处罚更是权威教育的重要方法。吸收新知可以帮助家长跳出自己的成长经验,及时调整自己的教育观念。要跟孩子做朋友。融进思想。

(3)耐心倾听孩子。

如果是气急攻心的家长,在面对不听管教的孩子时,通常最直接的反应就是破口大骂。此时,我建议家长先冷静下来,尝试着多一分耐心,问问孩子这么做的原因是什么。当家长的心思已经放在了解孩子的想法,并想办法帮孩子解决问题时,也许就会发现孩子的行为其实是情有可原的,并且也已经释放掉了很多负面的情绪。要在某些问题上放下“我是老子,你是小子”的观点,真正放下身段。有些家长总喜欢在孩子面前保持威严,习惯用以上对下的态度来对待孩子。对此我特别建议,希望家长从内心尊重孩子,不要再用命令的口气跟孩子说话,将孩子当作成人一样给予尊重。不要总是对孩子说“不”,而是要给孩子选择题,让孩子自己做决定。如果孩子的年龄足够大,表达能力没有问题,也可以让孩子自己提出解决方案或替代办法。用一个朋友的身份去倾听他的诉说。

(4)跟孩子讲道理。

除了平时的告诫之外,家长也要在实际的情境中教导孩子一定的道理。让孩子有同理心,让他从其他人的角度去体会一下,真正明白自己的行为会如何影响他人。至于解说道理的方式,则可依孩子的年龄来选择讲解的深度,特别小的孩子可以用讲故事的方式来进行。也避免了让孩子走歪路的危险。

(5)让孩子去体验。

如果孩子总是听不进大人的话,那么在保证安全和没有恶劣后果的前提下,家长也可以让孩子自己体会"自食恶果"的滋味。通过自身的切实体验,孩子将能深刻领悟到家长的教导的正确和重要。知道你说的是正确的,以后就会听你的了。

(6)同孩子做协商。

不要总是要求孩子按照大人的心意去生活,那么不只是孩子痛苦,就连大人也很痛苦。孩子也是人,当然有他自己想做的事,因此,同孩子做协商,各退一步也许是很好的方法。比如当孩子想要跳沙发,而家长却有事情要思考的时候,就可以请孩子去卧室的床上跳,或者请他等一会儿再跳,或者等家长把事情处理完,再带孩子去公园尽情地跳。协商很重要。

(7)盛怒时不管教孩子。

在极度愤怒的状况下,家长肯定无法以理性的方式来管教孩子。所以,当家长无论如何也平静不下来的时候,建议家长暂时离开现场,或是转移自己的注意力去做别的事,如打电话给朋友聊天、听音乐等。等自己平静下来以后,再和孩子好好谈谈。这样的效果会好很多。

(8)修正对孩子的期望。

有时家长望子成才真的太过于心切了,常常拿自己都做不到的标准(或许是家长自以为能够做到,但实际上从来没有做到过)来要求孩子。要知道,孩子年龄还小,有好动、固执、健忘等表现都很正常。家长如果真的要对孩子有所要求,也一定要考虑孩子的成长状况，不要总是拿放大镜去看待孩子的表现。

(9)真诚对待孩子。

有些家长在与孩子做沟通的时候，总是喜欢用指责或命令式的语气，这常常让孩子难以接受。亲子之间的沟通应该是真诚而没有距离的，家长可以很诚实地将自己的担心或情绪解释给孩子听，让孩子了解他的行为会让你难过，或是会让你担心、惧怕。只要语气是平和的、态度是真诚的，你就会发现，其实孩子是很乐意体贴爸爸妈妈的。

其实看了上面管教孩子的技巧，我们不难发现，没有一条是让父母难以做到的，只需要稍加用心，即便不用打骂的方式，依旧能够管教好自己的孩子，让他们能够健康、茁壮地成长。

放下“好孩子都是打出来”的错误观念，不要再让无情的巴掌和拳脚落在我们的“心头肉”身上。打骂孩子只会让孩子在痛苦中逐渐走向偏激，让掌中之宝失去光芒，让我们寄托在孩子身上的希望也终成泡影。

2. 常受打骂，孩子人格更易扭曲

可能我们一说到教育孩子要尽量杜绝使用暴力的打骂方式，有些父母就立刻提出了反对意见。有些父母可能会认为虽然管教孩子不能只用打骂的方式，然而打骂却也是必不可少的手段，因为这种手段确实能够在短时间内纠正孩子的某些错误。有些父母认为打骂并非“虐待”孩子，相反的是一种有效管教方式，况且自己并非真的对孩子进行殴打，也会注意分寸。

然而,不管我们如何注意打骂孩子时的分寸,最多也只是能避免孩子身体受到严重伤害,可是实际上,打骂对于孩子人格和心理的破坏才是它危害最大的方面。千万不要认为小孩子什么都不懂,其实每个孩子都有自己完整、独立的人格,哪怕他们看起来好像并不懂得太多事情。

父母从潮阳到广州做生意后,阿龙就跟着奶奶一起生活,奶奶对这个孙子百依百顺。2002 年,父母把 14 岁的儿子接到广州来生活。由于长期缺少沟通,阿龙的父母和儿子已经没什么话可说,只要见儿子有做得不对的地方,夫妻俩就严厉斥责打骂,早被奶奶宠惯了的阿龙哪里受得了,在几经被打骂之后,阿龙和父母大吵一番离家出走了。

离家出走后不久的一天,阿龙在外面和同学的弟弟、10 岁的小文一起玩时,发现身上的钱花得差不多了,阿龙想在小文身上打主意。阿龙把他带到白云区三元里附近的草地上,让其向家里索要钱财,然而小文并未同意。阿龙想起自己不听话时父母对他的打骂,于是也开始对小文拳打脚踢,结果不慎将年幼的小文活活打死。而后,阿龙把尸体扔到旁边的沙井里。

第二天上午,阿龙拨通了小文家里的电话,要小文家长拿 1000 块钱来赎人。最后压低到 600 元,在约定地点一手交钱一手交人。小文家人随即报警。阿龙几次变换交钱地点,最后约定小文的家人把 600 元现金放在广州中医药大学附属医院门口左侧垃圾桶里。当晚 10 时,阿龙取出垃圾桶里面的钱,然后直奔麦当劳。饱餐一顿后,阿龙在麦当劳门口被警察抓住。

阿龙的行为犯了故意杀人罪,考虑到阿龙犯罪时不满 18 周岁,广州中院从轻判处阿龙 15 年有期徒刑。

对于每个孩子来说,我们父母就是他们学习的最好参照物,而我们的管教方式也将在他们的人格上烙下深深的痕迹。如果我们总是以打骂的暴力方式来管教孩子，那么孩子最终也会在这种暴力虐待之下形成一个扭曲的人格。

之所以说使用打骂等暴力管教方式会让孩子的人格逐渐走向扭曲，最主要的原因就是打骂的管教方式实际上并没有考虑孩子的需要与特点，一味地从父母自我出发，不允许孩子有半点差错或异议，使孩子感受不到亲子之情和父母之爱，使孩子处于不安和焦虑之中。长期在这样的负面情绪影响下成长，孩子的人格自然无法健全。

而且，打骂从表面上可以使孩子暂时克服自己不正确的欲望和控制不正确的行为。但是，这并不能从根本上解决问题，因为孩子只是为了躲避“皮肉之苦”才不得已控制自己的行为，并非认识到行为本身的不正确。因此长期对孩子进行打骂的暴力管教就会让孩子逐渐寻求其他躲避方式，弄不好还可能使孩子养成说谎的毛病，变得阳奉阴违，父母面前不做、背后做。孩子幼稚无知，分不清善恶好坏，也没有坚强的性格，父母的管教其意义就在于让孩子明事理、懂是非，而不是为了让他们受到惩罚。

此外，打骂孩子是父母无能和缺乏修养的表现，很可能引起孩子对父母的蔑视，降低父母的威信。有的孩子在脑子里根深蒂固地形成“你有错，我就打你”的观念后，他就会以同样的方式接物待人，而这种方式很可能贯穿他们的整个人生而难以改变，可想而知后果会有多么严重。抑或打骂会让孩子养成逆来顺受、畏首畏尾的性格，在将来逐渐走向独立生活时难以果断处理重大事件，或在人生的选择前犹豫不决，这将让他们的人生面临更多失败，而这些失败就会进一步加深孩子人格的缺陷，导致恶性循环。

我们都知道，孩子只是一张白纸，这张白纸究竟能呈现出什么，关键在于我们这些父母往上面“画”些什么。如果我们不希望这张“白纸”上出现的全部是我们拳脚的印记，也能有五彩斑斓的花朵，那么就从现在起放弃打骂孩子这样的暴力管教方式。用科学、恰当的手段教育孩子，给他们一个幸福美满的童年，一个健康积极的内心。

3.

走出“爱他才打他”的强权教育误区

我们之前已经说过,暴力式管教的一大根源就是所谓“恨铁不成钢”的父母心。绝大部分通过打骂的方式管教孩子的父母都会以“爱他才打他”的理由来为他们错误的管教方式和对孩子的暴力行为进行辩解。其实造成这一切的根本原因既不是父母本身就存在暴力倾向,也并非孩子实在难以管教,而恰恰是强权教育的错误观念。

强权教育其实就是指父母在管教子女时认为自己有绝对权威,子女的任何行为都必须服从父母的意志。在很多人看来这似乎天经地义,更与暴力管教甚至“虐童”毫不沾边。然而,强权教育实际上才是那把最隐蔽、最锋利的尖刀,刀刀扎向孩子最脆弱的心灵,是对孩子影响最恶劣的暴力管教方式之一。

强权教育的弊端很多。首先,它把孩子推向了父母的对立面。对立情绪一旦形成,孩子对父母的教育就会全盘反对、全部拒绝。这样,无论父母对孩子的要求合理与否,孩子都不再乐意接受,都会产生不同程度的排斥和反抗心理。这让孩子误把许多本来是正确的教育方式当作错误看待,有意做出与这些正确教育相反的行为,从而让孩子渐渐走上一条危险的道路。

之所以说强权管教是对孩子的一种“变相暴力行为”,是因为强权教育最可怕的地方是对孩子自由意志的剥夺。我们都知道,自由意志对于每一个人来说都是最为重要的,是我们产生创造力、勇于开拓进取、敢于面对未知挑战的原动力。如果孩子在父母的强权教育之下渐渐失去了自由意志,那么造成的直接后果就是孩子懦弱、逆反、没有上进心等。

2010 年,药家鑫案引起了社会震动,人们都在关注,药家鑫为什么会杀人？撞人是个偶然因素，他即便不撞人，如果是遇到别的类似的事，他的处理方式也不会比这好到哪里去，这背后有其必然因素。报道中提到药家鑫的法庭供述："从小到大，我的生活几乎除了学习以外就是练琴，妈妈陪我练琴，小的时候每周练琴，为了练琴，妈妈都会打我。"父母与孩子这样的互动往往对孩子的行为起到这样的示范效应：当事情无法解决时，可以选择暴力。一个依靠暴力和强权教育孩子的父母，造就的是心理和性情相似的孩子。

药家鑫还说跟父亲关系紧张。他对父亲的评价是：非常严厉，不允许出错，凡事都要求他超出他人，尽善尽美。这些要求带给孩子的只有压力和被管制的不自由感，孩子自然就会产生抗拒。这样的父母教育是暴力教育的典型，暴力教育能让孩子变得顺从，不会让孩子变得聪明和懂事；能让他们变得听话，不会让他们变得自觉和上进。强权暴力教育能得到一些暂时的、表面的效果，但它是以儿童整体的堕落和消沉为代价的。

有一位母亲，毕业于名牌大学，工作出色，人也漂亮，为人处世都不错，是个近乎完美的女人，也是个理想主义者，在爱情上奉行宁缺毋滥，一直蹉跎到36岁才结婚。这些年她的同学们的孩子已一个个上了小学，甚至上了中学，大家聚在一起经常感叹孩子如何难教育，她当时在旁边听着觉得不相信，小孩子会那么难教育吗。她婚后有了个儿子，中年得子，爱得要命。

她读了很多家教方面的书，知道早期启蒙特别重要。孩子还在襁褓中，她就给他读唐诗；孩子刚学会说话，她就天天用中英两种语言和他说话。她儿子也表现得聪明伶俐，上幼儿园后，有一家心理研究所来幼儿园采集数据，对孩子们进行了智商测验，结果当然是保密的。但后来园长悄悄告诉她，她儿子是全园第一名。她觉得自己是个成功的家长，相信自己倾尽全力，一定会教育出一个出色的孩子，甚至是个神童。

她把所有的心思都投入到孩子的教育中，大到说话如何发音标准，小到如何抓筷子，如何玩耍，都进行着认真的指导，只要孩子哪些地方做得不好，她就立即指出来，并告诉孩子应该如何如何做。如果孩子的一个缺点重复犯了三次，就要受到批评，三次以上，每犯一次就打一下孩子手背。

她说，我打他手背一下又不痛，只是希望孩子在这样的要求下越来越完善。手背挨打的事总会有，打翻饭碗，牛奶没喝完就玩去了，见了阿姨没问好，昨天学的单词今天有一半没记住，等等。

但令人奇怪的是，她的孩子却越来越差。刚上小学时，是班里前三名的学生，到小学六年级毕业时，反倒成了倒数第三名。现在这个孩子已上初中，各方面仍然毫无起色，即使是从小就学习的英语，成绩也总是很低，而且性格特别内向，既不听话，又显得很窝囊。

可见，一味按照自己的心愿强迫式的强权教育不但不能够让孩子越来越优秀，反而会让他们深深感受到压力和无助，从而最终走向堕落。很多父母在孩子面前习惯性地扮演着权威的角色，然而孩子很多错误的行为和抵触情绪恰恰是被我们这个“权威”逼出来的。

要想做到避免强权的暴力管教误区，为人父母者要确定这样的观念：对孩子而言，我们不是上帝，不是救世主，我们主宰不了孩子。孩子不是我们的个人财产，更不是我们的附属物。孩子是一个独立的个体，是一个鲜活的生命，是一个受法律保护的社会人。孩子有权利获得应有的尊严，孩子的人格和我们一样需要尊重。

父母要认识到一个人对某种事物的看法不可避免地存在着主观因素，不应强迫别人接受。一个人不可能改变另一个人，包括自己的配偶和孩子。我们只能用自己的知识、修养、智慧、人格来影响、熏陶、感动孩子。我们只能给孩子提醒、暗示和启发，而不能用强制和压迫的手段。

对于我们每个父母来说，管教孩子都是我们的职责，然而管教并不代表要将我们的意志强行覆盖在孩子心中，孩子虽然在一定程度上可以说是父母生命的延续，然而终究也是一个独立的个体。我们每个父母只有对孩子的意愿给予充分尊重，在合理的范围内让孩子自由选择他们将要踏上的道路，别再让强权教育一次次割伤孩子的心灵，我们的孩子才能真正长大，才能像我们一样拥有幸福美满的人生。

4.

增强法律意识，打孩子也犯法

我们上面已经说了这么多关于打骂孩子的暴力管教对孩子有着诸多不良影响，然而这些终归只是一种提醒和劝导。有些父母在孩子犯了比较严重的错误或是违拗了自己的意志时，依旧抑制不住对孩子进行打骂的冲动，有些时候甚至对孩子施予在成年人看来都难以忍受的体罚和暴力行为。

都说天下每个父母最疼惜的都是自己的孩子，然而“虐童”事件的频发却好像在不断讽刺我们的这一观点。究其原因还是有些父母在打骂孩子的问题上并没有引起足够重视，也不认为自己打自己的孩子会受到强制性手段的约束。其实可能有一部分父母尤其是经常打骂孩子甚至是有“虐童”行为的父母并不知道，打孩子也会触犯法律，一样要受到法律的制裁。

今年37岁的马某，是某市郊的一名普通农民，与周某婚后生养了两个儿子，大儿子8岁，小儿子4岁，3年前又喜得一对双胞胎女儿。

但马某不务正业，好吃懒做，稍不顺心就朝孩子撒气，轻则嘲讽辱骂，重则拳打脚踢。据周某陈述，大儿子与孪生妹妹小月

(化名),都曾被马某打断过胳膊,住院多日,家暴现象严重。

眼看孩子不断挨打,周某遂将长子与小月的孪生妹妹托付给娘家照看,自己在郑州打工补贴家用,由马某在家中照顾小儿子与小月,未料悲剧发生。

一日晚,马某像往常一样打发两个孩子到屋里看电视,自己在厨房里打杂,不一会儿儿子跑来告状,说妹妹小月又在屋里大小便了。

马某赶紧进屋,看到地上及小月身上的屎尿后,气不打一处来,将房间打扫过后,看见在床边沉睡的小月,就一脚将她踢下床。

小月的头部磕在了卧室内柜子角上,当即昏迷,马某赶紧将孩子送到了新密市中医院抢救。

经诊断,小月严重脑出血,需要医疗费 2 万～3 万元,且术后很可能有后遗症,马某最终放弃了对女儿的治疗。

次日下午,3 岁的小月停止呼吸。经法医鉴定,小月系头面部及腹部受到撞击后致颅脑损伤而死亡。很快犯罪嫌疑人马某被公安机关抓获。

该市检察院审查该案后认为,犯罪嫌疑人马某故意伤害其女儿小月,后又拒不为其治疗,致其死亡,其行为已涉嫌故意伤害罪,且其犯罪性质恶劣,可能判处 10 年以上有期徒刑,遂依法对马某做出了批准逮捕的决定。

正是由于缺乏法律意识,让马某认为自己对孩子的行为并不受法律约束,从而做出如此令人发指的"虐童"行径,导致自己的亲生女儿最终惨死于自己手中,而马某也因此受到了法律的严惩。

有些父母可能直到现在还抱着"父母打子女天经地义"的陈旧错误思想,认为自己即便用打骂等暴力方式管教子女法律也管不着,因而对自己的暴力行为毫不节制。虽然我国目前还没有出台单独针对"虐童"行为的处罚规定,然而《刑法》第二百六十条中明确规定了虐待家庭成员,情节恶劣的，处二年以上有期徒刑、拘役或者管制。《刑法》第二百三十四条规定故意伤害他人身体的，处三年以下有期徒刑、拘役或者管制。犯前款罪，致人重伤的，处三年以上十年以下有期徒刑；致人死亡或者以特别残忍手段致人重伤造成严重残疾的，处十年以上有期徒刑、无期徒刑或者死刑。

可见，不管是对任何人，哪怕是亲生子女，如果对其进行打骂、虐待行为，都会受到法律的严惩。提高自身法律意识，通过法律的强制力来约束自身行为，无论对于父母自身还是子女，都能够最大限度远离暴力管教带来的伤害，让我们拥有和谐而又充满爱的融洽亲子关系。

5. “精神虐待”比“肉体惩罚”危害更大

说到打骂孩子的暴力管教方式，大部分的父母可能对于打孩子的行为还是比较慎重的，轻易也不会对孩子拳脚相向。然而对于“骂”，很多父母可能会不以为意，认为孩子经常骂一骂也不会怎样，又不会对孩子的身体健康造成伤害。其实相比于“打”这样的“肉体惩罚”，不加节制地用“骂”对孩子进行“精神虐待”远比“肉体惩罚”伤害更大。

我们都听过这样一句话，肉体上的伤痕是能够愈合的，而心灵上的创伤却永远也不可能消失。之所以说“精神虐待”比“肉体惩罚”危害更大，首先一个原因就是由于心理层面的伤害相比于身体上的伤害更难以复原。其实我们每个人的身体对于来自外部的创伤都有着一定的自愈能力，然而我们的心理却缺乏这种能力，尤其是对于孩子。孩子的心理尚未健全，在承受打击时也就更不可能进行自我调适。因而如果长期用责骂的方式对孩子进行“精神虐待”，就会不断给孩子的内心留下创伤，而这些创伤伴随着孩子心理的发展,就会逐渐影响孩子的人格,从而造成无法挽回的伤害。

与成年人相比,孩子的心理承受能力极为有限。由于孩子的认知、世界观、价值观并没有完全形成,还处于依靠外部因素不断完善的过程,因此对于一些强烈的消极外部刺激的抵御能力自然不行。在父母对孩子进行不断责骂时,往往不会像进行"肉体惩罚"那样仔细把握尺度,因此很容易给孩子的心理带来无法逆转的毁灭性打击。

每个父母都一定要意识到相比于身体的创伤,孩子心理的伤痛更难以被治愈。假如我们不慎在打孩子的时候下手重了些,可能及时就医还能够弥补我们的过错。然而如果在责骂孩子时我们总是有失尺度,当我们发现孩子因为责骂而出现心理问题时,想要治愈可就没有这么简单了。因为治愈心理问题不光要靠心理医生的治疗手段,还需要依靠患者自身建立起一些相应的心理防御机制,而这对于心理尚处于发展期的孩子来说几乎是不可能的。如果等到孩子长大,心理机制完全形成,那么这些心理问题往往也一同成长为更加棘手的心理问题甚至是心理障碍和心理疾病,给治疗增加了很大难度。

李洁出生于干部家庭,哥哥、姐姐都是名牌大学毕业,现在已经是有头有脸的人物,唯有李洁当年高考发挥不理想,仅上了一所专科院校。大专毕业后,耿直的父亲没有找关系为她铺路,李洁便自己找到工作。兄妹三人中,李洁的家庭条件较差。天性不愿服输的她,把希望寄托在儿子张翔身上。儿子两岁时,李洁就开始教他识字、画画,从没让儿子轻松过。

李洁的父亲是军人出身,教育孩子的方式简单粗暴。李洁兄妹三人在父亲的严厉管教下,表现都很出色,父亲认为这得益于他严厉的家教。在教育儿子方面,李洁继承了父亲的家风。她要求儿子处处不能落后于别人,一旦儿子给她丢了脸,她非打即骂。一次,张翔和几个孩子玩识字游戏,李洁认为这是儿子的强项,殊料,儿子却败给了另一个孩子。这本是一件很平常的事情，李洁却抬手给了儿子一巴掌，骂道：“你真是没脑子，妈妈白教你了！”张翔委屈得哭了。李洁的举动让旁边的两位家长直摇头。

张翔上小学后，爸爸经常在外出差，督促他学习的任务就落在了妈妈身上。张翔脑子聪明，却有粗心的毛病。有一次，李洁看到儿子作业本上有几个红叉，她仔细一看，发现都是粗心所致，有的数字都抄错了。她当即大怒，揪着儿子的耳朵吼道：“你的心整天都操哪儿去了，连数字都能抄错，给我抄30遍！”张翔知道妈妈的厉害，只好乖乖地抄了30遍。李洁对分数看得很重，每次儿子考试前，她都再三叮嘱儿子细心点，如果考好了会奖励他吃麦当劳，考不好小心屁股开花。为了改掉儿子考场上老粗心的毛病，她还让儿子在手心写下“仔细”二字，提醒自己细心。

进入初中后，张翔比较注重自己的穿着和仪表，每天上学前都要在镜子前把头发梳理一番。有一次，李洁终于忍不住了，对儿子说：“真帅呀，老妈都被你迷倒了！不过，学习提不上去长得帅又有什么用，还是在学习上多下点功夫吧！”李洁的话让张翔感觉很不舒服，他狠狠地瞪了妈妈一眼。

重点中学竞争激烈，张翔的成绩总在中游徘徊，这让李洁非常着急。一个双休日，张翔和几个同学约好去溜冰，向李洁要50元零花钱。李洁掏钱给儿子的同时，也不忘来一句：“学习提不上去，玩起来倒挺积极，老妈这钱掏得很不爽！”张翔听了，心里更不爽。

转眼到了初中二年级，张翔见班里很多同学穿的用的都是名牌，相比之下自己有些寒酸。一天，他鼓足勇气向妈妈要钱，说想买一双耐克运动鞋。李洁一问这个牌子的鞋子要400多元一双，就不高兴地说：“穿这么贵的鞋子也跑不过刘翔，啥时候考试成绩排到班里前十名，再来找我要钱吧！”张翔看妈妈的话说得没有商量的余地，只得作罢。

张翔在家里不但经常遭受妈妈的冷嘲热讽,在其他人面前,妈妈也从不给他留面子。在张翔外公70岁的生日那天,全家人在饭店为老爷子庆生。张翔在饭桌上一直很沉默,姥姥、姨夫问他话,他只是用一两字来应答,然后低头吃东西。李洁见儿子有些不像话,就训斥道:"小孩子家玩什么深沉,一点礼貌都没有,真丢你妈的脸!"张翔再也无法容忍妈妈的刻薄了,他站起身就想离席,姨夫、舅舅忙拉住他,并对李洁说:"翔翔还是个孩子,你和他计较这么多干什么!"李洁心里并没原谅儿子,回家后又训斥起儿子来。张翔捂着耳朵关上了门。

又过了几天,李洁遇到了一位高中女同学。聊天中,女同学说她刚带着儿子从新马泰旅游回来。李洁感慨地说:"唉,我这儿子不争气,要不,这笔钱我俩去趟东南亚都用不完!"说着,她瞪了儿子一眼,丝毫不顾及张翔的感受。妈妈的话让张翔大受刺激,长期以来的压抑让他无法控制自己,突然他大声吼道:"这学我不上了,省下你的钱去旅游吧!"说完,他沿着马路狂奔起来,一边跑还一边脱衣服,最后脱得全身赤裸。路人惊得目瞪口呆。

一个15岁的孩子,之所以会用"裸奔"这样极端的方式来发泄自己心中的积怨,其实就是由于他的母亲长期对他进行"精神虐待"所导致。相比于肉体上的痛楚,精神暴力更容易让孩子的内心彻底崩溃,从而做出一些让我们成年人都感到不寒而栗的举动。作为父母,我相信我们谁也不希望看到自己的孩子产生"疯子"的行径,那么就从现在起极力避免对孩子的"精神虐待",即便是说服管教也要注意措辞,切勿在不经意间就让言语的尖刀伤了孩子脆弱的内心。

要想真正做到让自己的孩子不受精神暴力的摧残,那么我们在管教孩子的过程中就一定要避免那些会严重打击孩子内心的话语和行为。

第一,不要在批评教育孩子时伤害孩子的自尊心。有些父母在孩子做错事后,张口闭口就是"笨蛋""没用的东西"一类言语,说者无意听者有心，这些话一旦进入孩子心里，就会严重挫伤他们的自尊心和自信心。倘若我们做父母的不希望自己的孩子成为真正的“笨蛋”，那么就不要给自己的孩子贴上这样的“标签”。

第二，不要不给孩子任何发言权。在之前我们已经说到，强权教育是一种对孩子产生极不良影响的教育误区。然而虽然有些父母深知这一点，在平日里也会给孩子自主选择的机会，但是在管教孩子的过程中往往忽略了这一点，只是一味地要求孩子只要听话就好，或是在孩子想要表达自己内心想法时认为这是一种“反驳”，从而根本不给孩子说话的机会。

第三，当孩子犯错后，切不可流露出不再管孩子的态度和行为。有些父母在发现管教对于孩子来说效果并不好时，虽然没有走向打骂的极端，却反而朝着另一个极端迈进，那就是对孩子的事情不闻不问，完全不去管理，这会对孩子的心理造成极大伤害。其实对于每个孩子来说，父母的关注永远是他们心中最重要的东西，倘若失去了父母的关爱，那么很快孩子的心理就会朝向畸形发展。

作为父母，当我们对肢体暴力的错误管教手段已经有了清醒的认识时，不要忽略了“精神虐待”也同样会让孩子的童年被阴影笼罩。我们每个父母都希望孩子的身心能够健康发展，那么就从现在起也对精神暴力提高警惕，在管教孩子的过程中用更恰当的方式去激励孩子的进取心，我相信孩子一定不会辜负我们的期望。

6.

科学排解压力，别把子女当作“出气筒”

说到“虐童”，可能我们首先就会想到因为管教方式存在问题，因而用打骂等一些极端暴力手段对孩子进行教育。然而除了这种普遍现象外，还有很大一部分“虐童”行为的原因让人发指，那就是把子女当作“出气筒”，通过打骂子女来发泄自己的压力和对现实生活的不满。

可能有些人并不相信父母居然会为了发泄压力而对子女施予暴力行为，然而事实确是如此。因为压力并不完全受我们的控制，倘若内心压力过大而又没有选择恰当的方式进行排解，那么当心理承受能力达到极限时，压力就会爆发出来，并表现出一些过激行为，其中当然也包括对子女的责骂和虐待。

其实压力人人都有，尤其作为父母，我们除了要承担工作、生活的压力外，抚养、教育子女也给我们的肩上又增添了一份重担，压力大也是很自然的。因此，我们更要学会科学排解压力，而不要让我们本来珍爱的子女成为我们释放压力的“出气筒”。

排解压力的六种简单易行的方法

(1)消除压力源。

缓解压力最直接的方法就是找到压力源，然后尽可能地消除它。如果你的压力是由于工作任务重造成的，不妨合理安排一下时间，重要的工作先做，次要的放一放，待时间充裕再完成。

(2)合理宣泄。

压力是在所难免的，在面对压力的时候，我们自己或许无法排解。此时，不妨将心中的压力和不快说出来，或者通过运动、唱歌、大喊、哭泣等方式宣泄出来，不良情绪一扫而空，压力自然得到了缓解。

(3)做深呼吸。

当你心力交瘁时，最快的一种恢复平稳的方法是深呼吸，然后想想到底是什么让你感觉焦虑。深呼吸也能在你体内注入更多的氧气，从而让你的精力更加旺盛。建议每天冥想10分钟。冥想是解除任何形式和程度压力的最好方法。它能降低心跳频率和血压，减缓呼吸，平复脑电波，更快恢复身心平稳，防止在压力下身体的免疫能力下降。

(4)饮食解压。

日常饮食多吃一些振奋精神、消除疲劳的饮食，也可以消除不良情绪，缓解压力。建议把一些缓慢释放能量的碳水化合物，如水果、粗粮、蚕豆、坚果和植物种子加入你每天的饮食清单中。特别是坚果和植物种子不仅含有碳水化合物，还含有蛋白质，是很好的抗压力食物。此外，还需要每日增补那些有效转化为能量的营养素，如B族维生素、胆碱、维生素C、钙、镁、锌、辅酶Q等。

(5)慢运动缓释压。

保持旺盛体力是应对压力十分有效的方式。运动之后，身体达到最佳平衡，从而变得放松、强壮、柔软、姿态良好，有足够的持久力。但是需要避免剧烈运动。最好的减压运动是慢运动，比如游泳、散步、瑜伽、太极拳等都会更有帮助。无论在家、工作，甚至逛街购物，我们多数时候都在室内。自然光照得不够，会让我们的身体失去节奏，承担压力的能力越来越差。因此，当你感觉到有压力时，多到户外走动，即使天气不怎么好，也要坚持。或许大家都有自己爱好的运动，例如篮球、足球，实在没有爱好的运动，跑步也行。可以适当加大运动强度，将自己的不满、反抗都发泄到运动中去，这样是很好地缓解压力的方法。但是运动宣泄法，务必要注意适当，不要变相成为虐待，对身体产生伤害,要顾及到接下来的工作任务。

(6)按摩解压法。

按摩是一种很好地缓解压力的办法。按摩没有必要去找专业的按摩师来做,可以自己来完成一些简单的自我按摩。如用拇指压按太阳穴,做眼睛保健操,用拇指和食指提捏后颈部等。

其实排解压力的方法远不止这些,很多简单易行的小技巧都能够让我们充分释放自己的压力,从而进行科学减压,避免让打骂孩子成为我们压力的"出口"。在这个世界上有哪个父母是不疼爱孩子的,既然如此就别让压力在不经意间让我们做出那些对孩子产生巨大伤害的行径。

作为已为人父母的成年人,我们绝不应让孩子用痛苦来帮我们排解压力,小小年纪的他们根本无法承受这种伤害。掌握正确排解压力的方法,让我们的压力通过正常渠道进行释放,让我们与孩子都能够避免压力的侵扰和伤害,都能够在生活中的每一天里喜笑颜开。

7. 理智看待夫妻矛盾,别让孩子成为"牺牲品"

除了上面所说因为压力导致的"虐童"行为,还有一种让父母对孩子暴力相向的原因也是由父母本身造成的,那就是夫妻矛盾。在日常生活中,每对夫妻可能都有发生矛盾的时候,吵架过后自然也都有一肚子怨气无处发泄。有些人可能会选择用大吃一顿、疯狂购物或是出去散心等方式来平复自己的内心,而有些人则走向了极端,把自己的怨恨指向了无辜的孩子。

有些夫妻在争吵甚至是发生暴力行为后，“吃亏”的一方总是想如何才能为自己争回这口气，对对方也进行一些报复。于是出于这种扭曲的报复心理，他们自然想到了对方最为疼惜的孩子，于是就对孩子进行折磨，意图让对方感到痛苦。然而我们不要忘了，孩子不仅仅是夫妻中一个人的，是夫妻双方爱的结晶，通过这种方式来进行所谓“报复”，不就等于也让自己在承受痛苦吗？

此外，通过这种方式将夫妻矛盾转嫁到孩子身上，还会让孩子从心底认为父母对自己并没有爱，自己只是父母的“工具”，这会给孩子的心理带来极大伤害。久而久之就会让孩子的性格渐渐歪曲，变得孤僻、乖戾，并对父母失去应有的亲情。伴随着这样的心理成长，可想而知孩子的未来将会黯淡无光。

刘小宝躺在医院的病床上，头上、手脚、身上都有伤痕，整件衣服血迹斑斑。孩子的几个亲人守在病床前，脸上挂着泪珠。

说起来让人唏嘘，这孩子竟然是被他妈妈给伤了。事情发生在晚上8点，就在杭州市某小区一家租住的出租房里。“这夫妻俩是在附近开小超市的，一家子是从安徽过来的，大概有大半年了。”有邻居说。在大伙儿的印象中，这位爸爸平时人蛮和气，而妈妈操持家务，免不了对家里的事要多说几句。

房东说，晚9点左右，家人发现孩子不见了，挺着急。后来，他爸爸说“在隔壁找到了，孩子是去玩了，幸好没被拐走”。房东以为，既然孩子找到了，那应该没事了，顶多被教训几句。

没想到这件事可不是教训几句就完了。

其实，孩子的父母在找到孩子之前就吵得挺凶了，妈妈责怪爸爸没看好孩子，争执中还把家里的电脑给摔坏了。孩子找到后，刘家更是起了激烈的冲突，妈妈像是发泄一般地打孩子，而且还用了利器。爸爸赶紧拉住失去理智的老婆，把儿子急送医院。孩子被抱出家门的那一刻，有邻居目击，“全身都是血”。医生赶紧手术，总算是把孩子给救回来了。

然而当孩子醒来后，看到自己妈妈的眼神并不是期待，而是充满恐惧与仇恨，并且要求医生将她的妈妈请出病房，说再也不想见到她。医生见孩子刚刚醒来就情绪激动，于是便好言相劝让刘小宝的妈妈离开了病房。

一个孩子用恐惧与仇恨的眼光看着自己的母亲，他的心理究竟受到了多大伤害我们可想而知，将来会造就他什么样的性格、世界观、价值观，我们也不难猜测。可见，因为夫妻矛盾而对孩子造成伤害，对于一个孩子来说很可能会毁掉他的一生。

要想避免这种悲剧的发生，我们每个父母都要懂得如何避免让孩子成为夫妻矛盾的“牺牲品”。既然夫妻矛盾是我们婚姻生活中不可避免的事情，那么就让这种矛盾尽量不要对孩子产生不良的影响，也算是不幸中的万幸。

首先，在夫妻产生矛盾时，任何一方都不该将怨气发泄在孩子身上。夫妻矛盾本是夫妻双方两个人的事情，孩子作为局外人是无辜的，甚至可以说是间接的受害者。夫妻矛盾发生后，双方应该表现出竭力用正确的方式解决这种矛盾，这才是成熟、理智的表现。用孩子进行发泄不但不能让对方感到痛苦，反而是自己懦弱、无能的体现。

其次，在夫妻产生矛盾时，尽量不要当着孩子的面将这种矛盾表现出来。有些人可能会认为，只要不对孩子进行打骂，只是夫妻间的争端对孩子就不会有影响，毕竟孩子还小并不懂事。然而，如果我们当着孩子的面争吵，实际上也是一种变相的“精神暴力”。孩子并非什么都不懂，他们能够从父母的情绪中体察到父母之间的矛盾与隔阂，从而让他们产生担忧、害怕等情绪，并会给他们的童年记忆留下黑色的一笔。有研究表明，很多心理有缺陷或障碍的人，在孩童时期都经历过父母剧烈冲突的场面。

最后，我们父母从一开始就不应该有任何一方把孩子作为“婚姻较量”中的筹码。孩子是我们爱的结晶，是我们生命的延续，作为父母我们重视孩子应该远远超过对自己的重视。既然如此，我们就绝对不应该把孩子作为自己的筹码或是资本，在发生夫妻争吵时作为要挟和报复的工具。要从一开始就树立这样的认知，孩子是绝对不能受到伤害的，夫妻间的事情要由夫妻二人妥善解决。

当我们望着自己孩子清澈、天真的眼睛时，我们真的忍心用自己的问题来惩罚孩子吗？我相信每一个父母都不会如此狠心，那么就不要让夫妻矛盾给孩子带来伤害，不要让孩子成为父母矛盾的“牺牲品”，还我们的孩子一个快乐、幸福的童年。

第四章

营造家庭和谐气氛，让家暴永无滋生土壤

1. 创建和谐家庭，远离家暴需釜底抽薪

我们已经说了很多形式各异的家庭暴力行为，对于这种对家庭、婚姻、亲属感情有着极大破坏的行为，我们每个人都深恶痛绝。然而如果我们总是在家庭暴力行为发生以后再力求解决方法，已是亡羊补牢。其实对于家庭暴力行为来说，关键还是做好防范，而这防范工作的第一步也是打牢基础的一步，就是创建和谐家庭，用营造出的和谐家庭氛围不给家庭暴力任何生根发芽的机会。

之所以说要想远离家庭暴力的伤害就需要这种釜底抽薪的方式，主要还是因为家庭暴力本身对受害者和整个家庭的伤害具有下面的特点。

家庭暴力一旦发生，必然会对受害者乃至所有经历全过程的家庭成员带来心理上难以愈合的伤口。本来相亲相爱的一家人，一旦发生了实质性的暴力问题，在受害者肉体遭受伤害的同时，心灵更是受到了极大的折磨。试想，倘若我们始终对家中的每个亲人都致以最深沉的爱，突然其中一个人对我们进行了家庭暴力行为，我们肯定会从心里认为对方根本没有把我们当作家人看待，自然会在内心受伤很深。这种伤痛并不会因为家庭暴力行为的终止而消失，在往后的日子里我们总会想起曾经的悲痛，因而让家庭成员间的感情产生隔阂。

家庭暴力的程度往往具有较大不确定性，也许一旦发生就会伤及受害者的生命健康，根本没有补救机会。很多关于家庭暴力的案例都诉说了这样一个事实，在施暴者进行暴力行为时，通常不能保持清醒的头脑，行为上多有过激，致使暴力行为根本不受控制，对受害者造成极大损伤甚至危及生命。

男子刘某和吴某都是安徽省来津打工人员，刘某与吴某相识、相爱，然后结婚。婚后，这对远在他乡的夫妻感情尚好，不久二人爱情的结晶降生。这个宝贝女儿曾给他们带来无限的快乐，但从结婚三年后开始，刘某和妻子开始闹矛盾。原因是吴某总想给自己娘家汇钱，而刘某一提出给自己家人一些钱，吴某就不太乐意。因为这个问题，夫妻二人经常争吵，脾气暴躁的刘某多次殴打妻子。一年后，刘某与吴某再次闹矛盾后又一次殴打了她，吴某被迫携女儿投宿到“姐妹”赵某处。在此期间，刘某曾多次打电话，让吴某回家，均遭到吴某拒绝，因此刘某怀恨在心。

不久后的一天早晨7时许，刘某携带水果刀来到赵某的住处，要求吴某回家，又遭到其拒绝。刘某一怒之下，欲强行将女儿带走，夫妻二人因此发生激烈争执，刘某随后殴打了吴某。赵某见好友被打，遂上前劝解，已经失去理智的刘某掏出随身携带的水果刀，朝赵某胸部和腹部连续捅刺数刀。见赵某倒地，吴某大声呼喊，刘某又持刀欲捅刺吴某。虽然已经身受重伤，但赵某仍然抱住刘某的腿，欲阻止其行凶，丧心病狂的刘某竟然又朝赵某后背捅了数刀。作案后，刘某逃逸，而赵某被送到医院后经抢救无效死亡。

可见，家庭暴力行为一旦发生并没有得到及时控制，施暴者很可能在暴力行为过程中做出远远超过我们想象的过激行为，不但会威胁受害者本人，甚至会对身边的家人、朋友构成极大威胁。

除了上面说的两点外，家庭暴力思想的产生在初期还具有较强隐蔽性，而一旦转变为暴力行为，则又具有极大突然性，让家庭暴力对受害者造成的伤害更大。倘若我们不在平时就营造和谐的家庭氛围，很可能就会让家庭暴力思想在施暴者心中滋生，而这一过程是我们无法知晓的。

而一旦这种思想真正转变为行动，那么受害者往往会措手不及，以至于受到更严重的伤害。

可见，创建和谐家庭，彻底铲除家庭暴力滋生的“土壤”是远离家庭暴力的最好方式。而要想真正让家庭拥有和谐融洽的氛围，就需要我们每个家庭成员从自己出发，首先约束自身行为，并且对其他家庭成员施以积极引导和影响，最终让大家携手给我们的家庭撑起一片纯净和谐的“蓝天”。

2.

相敬如宾，营造和谐家庭氛围

在我们每个人的家庭生活中，家庭成员彼此可能常说这样一句话：“都是一家人，不用在意这些。”像这样温暖的话往往能够流露出一家人相亲相爱的真挚亲情，是我们每一个人都愿意说也愿意听到的。然而我们是否想过，如果这句话里的“不用在意”超出了合理的范围，它也很有可能是导致家庭暴力的“元凶”之一。

很多家庭暴力事件的发生，最开始就是由于家庭成员间彼此不在意一些小事，进而发展成为对彼此尊严、权利的不在意，从而让家庭暴力行为在心中“合理化”，进而在行为中渐渐表现出来。

王某与丈夫李某育有一女一子，本来相亲相爱的一家人却因为李某染上了酒瘾而逐渐导致感情破裂。李某酗酒后经常打骂王某，并认为偶尔与家里人“动手动脚”是正常的，毕竟一家人谁也不会真放在心上。一日晚，李某在外喝酒至凌晨才回到租房处，因关卷帘门声音较大与王某发生争吵，经邻居劝解后平息。

李某进屋翻找手机充电器时再次与王某争吵，继而和王某发生抓打。抓打过程中，王某右手拿起室内一把水果刀称不想活了，被李某按在床上进行殴打，并将王某右手无名指咬伤。王某此时心生恶念，认为既然丈夫对我拳打脚踢被他认为是正常的，那么我用同样的方式对待他自然也无可厚非。于是王某乘李某转身之际，持水果刀想要划伤李某臂部给他一个“教训”，然而却由于李某的挣扎不慎捅刺到李某后腰部。此时王某才深感事态的严重，立即出门向邻居求助，与邻居一道将李某送进医院抢救。将李某送进医院后，王某向医务人员叙述了其持刀捅伤李某的情况，医务人员遂打电话报警，公安局民警到医院了解情况时王某主动上前将与李某打斗情况告诉了公安局民警，后王某被带到公安局，并如实供述了整个案发经过。当日夜间李某因抢救无效死亡。

其实在事情发生的整个过程中，王某并非有意想杀死丈夫，从她事后向警察的主动坦白也能看出。然而悲剧之所以发生，恰恰就是因为夫妻双方都不认为这样的暴力行为是可怕的，他们以为这只是普通的夫妻争吵，而实际上这早已超过了夫妻相处的底线。在我们每个人的生活中，倘若在与家人相处时不能保守这最后的底线，对其他家庭成员的人格乃至生命健康权利进行侵犯，那么这样的悲剧还会再一次上演。

在家庭中，只有每个成员之间做到相敬如宾，在秉承相应道德底线和行为约束的前提下，我们才能够真正收获和谐的家庭氛围。相敬如宾其实并非让我们必须像对待陌生人甚至自己的上级领导那样客气、拘束，这样反而会让家庭成员间的亲情受到影响。然而我们必须注意的是我们的言语与行为，一定不能超过最起码的道德底线，不能对家人的权益造成侵害，否则我们与家人间的亲情不但会大受影响，甚至会被彻底斩断。

要想做到这一切，首先就要求我们注意日常生活中与其他家庭成员交流时的细节。有些时候我们并非不知道应该善待自己的家人,而是对一些细节上的相处并没有引起足够重视。然而大事的发生都是由于小事的积累,量变产生质变,在小事上不经意侵害了家人的权益,那么很快就会让这种风气在家中盛行,让家庭成员彼此间都缺乏最基础的尊重与热爱,进而增加了严重家庭暴力事件发生的隐患。

另外,我们还必须更正自己的认知,正确看待家人对我们不当行为和言语的宽容。有些时候我们可能不慎影响到了其他家庭成员的权益,然而本着一家人一家亲的思想,家人可能并不会与我们过分计较。宽容并不代表默许,这些行为依旧会让家庭成员产生抵触或是厌烦情绪,而倘若我们不加收敛,最终就会导致家庭关系恶化,从而给家庭暴力的滋生创造了一定的条件。

相敬如宾是家庭成员间相处的最佳"境界",是和谐家庭氛围得以延续的必备条件。家人是在这个世界上与我们最亲密的人,我们每个人不忍心也不希望与自己的家人"兵戎相见"。那么就让相敬如宾的品质在我们的家中传播,营造和谐家庭气氛,让家庭暴力永远无处生根。

3. 制定家庭守则,让和谐家庭"有法可依"

我们已经知道了创建和谐家庭对于避免家庭暴力的滋生有着重要作用,并且想要拥有和谐的家庭氛围,还需要遵守一些基本的家庭成员相处规则。然而我们每个人每天都为生活琐事而烦恼,倘若我们只是将创建和谐家庭的重要守则放在口头上,那么难免会有遗忘的时候。一旦我们做出了那些伤害其他家庭成员的行为或是让家庭暴力悄悄滋生的行为,我们创建和谐家庭的努力可能就会毁于一旦。

正所谓无规矩不成方圆，为了让我们自己和所有家庭成员时刻都能够对创建和谐家庭引起足够重视，对一些不良行为引起足够警惕，我们就需要制定一个相应的家庭守则。如果每个家庭成员都“有法可依”，那么就能够更准确地约束自己的言行，为创建和谐家庭贡献自己的力量。

和谐家庭守则范例：

为了营造温馨、和谐的家庭环境，对全体家庭成员做如下守则，望共同遵守：

(1)关于孩子的教育。

在批评教育孩子时，全体成员观点和态度必须保持高度的一致，防止有人批评教育，有人包庇、护短。防止家庭暴力或虐待行为。当着孩子面，成人之间不得发生争执、吵架或相互揭短。

(2)关于家务劳动。

周末做饭由××二人共同负责，平时晚饭后洗碗由二人分单双数轮流执行，晚上孩子作业由二人轮流辅导；每周进行一次大扫除，由二人共同负责；每天早晨，××负责倒垃圾桶，给孩子做早饭并送其上学；平时中午孩子吃睡由两位老人共同负责。在所有家庭劳动中，孩子是参与者，主要从事扫地、搬凳子、擦桌椅、帮助大人打下手等力所能及的工作。

(3)关于家庭娱乐活动。

看电视、上网等活动，原则上在周末进行，平时电视声音不宜过大，以免影响孩子学习，晚上 9:30 后，原则上要关闭电视。用手机、上网、听音乐等不得相互干扰。

(4)家庭成员之间要坦诚相待、相互信任，不得相互猜疑、相互攻击排斥，允许个人有自己的私人空间和秘密。

(5)关于财产管理。

家庭成员收入管理，两位老人自行安排，自行管理，××二人收入由××管理，协商开支，往来账目公开透明。

像这样的家庭守则内容其实对于我们每个人来说都不难制定出来，关键在于我们是否用心制定，只有用心制定出的家庭守则才能够真正起到约束家庭成员促进家庭和谐气氛产生的作用。在制定家庭守则时，我们还要遵循一些方法和技巧。

在制定家庭守则时，我们要本着公正、公开的原则，让每个家庭成员充分表明自己的意见，我们也要虚心听取，并且大家要在一起进行适当讨论。只有这样制定出的家庭守则才能够让每个家庭成员都心服口服，也更有意愿去遵守，毕竟在制定的过程中每个家庭成员都参与到了其中。

在制定家庭守则时，我们还必须借鉴一些优秀的经验。例如，我们可以在书籍或网络上查询一些有助于防止家庭暴力或是增进家庭和谐气氛的行为规范和小方法、小技巧，把它们纳入到我们的家庭守则当中。集众人之智慧与经验制定出来的家庭守则，往往具有更强的实用性。

在制定家庭守则时，对于违反守则规定的情况要相应制定出惩罚措施。当然家庭守则毕竟是适用于我们最亲密的家人身上，惩罚措施不能过于苛刻，但是也要让大家能够引以为戒。例如我们可以在有家庭成员违反规定时，令其包揽一周的家务琐事，或是剥夺几天选择电视节目的权利。像这种温和的“处罚”既不会伤及家庭成员间的感情，又能够切实起到警示作用。

国家兴旺必须有法可依，家庭和谐当然也要有规矩去遵循。合理制定家庭守则能够更好地规范家庭成员的行为，让家庭和谐气氛不会被破坏，让每个家庭成员都沐浴在和谐气氛中享受融洽的家庭生活，何乐而不为？

4.

关注细节,让家庭和谐全无"死角"

我们都懂得"千里之堤溃于蚁穴"的道理,对于和谐家庭的建设也是如此。有时一个原本充满和谐气氛的家庭之所以在瞬间就土崩瓦解,就是由于对建设和谐家庭的细节没有足够关注,让家庭暴力从那些阴暗的"死角"里不断滋生,当出现在人们的视线之内时已无挽救的余地。

在之前我们已经知道,家庭暴力行为并不是突然间出现的,它需要一个在施暴者心中成长的过程,而这一过程的产生往往源自非常细微的家庭生活之事。倘若我们不能对这些细微之事引起足够关注,并一个不漏地及时发现问题所在,那么就很难完全阻止家庭暴力的产生,而我们建设和谐家庭的愿望也就难以实现。

陈女士 19 岁从外地来泉州,在一家工厂认识大她 4 岁的丈夫林先生。2000 年,俩人生育一子,经济上有点拮据。丈夫买了一辆二手摩托车,春节载着她回德化老家过年。她半搂着丈夫,怀里抱着刚满月的儿子,身子被冻得发抖,可心里是暖和的。

丈夫离开工厂后,做起生意。他们的婚姻也因一次小事斗嘴,发展成第一次"动手"。

那天丈夫的哥哥来家里,晚上 10 点多,侄子想吃面线糊,喝了酒的丈夫让她去买。她回嘴,这么晚去哪里买,想吃什么她来做。丈夫就扇了她两耳光,"你怎么就会让我没面子?"然而当她的丈夫从愤怒中清醒过来后,他知道手重了,但也不知道说什么,转身就出了门。这一次后,丈夫开始一喝酒就打她,在派出所里写下好几份保证书后,仍屡次动手。

“她老说些鸡毛蒜皮的事，生意亏钱本来就烦。”她的丈夫表示，自己不喜欢陈女士总对他唠叨。虽然已经多次因为这样的小事发生家庭暴力行为，然而陈女士和丈夫都没有当一回事，认为这些小事不值得去处理。结果让陈女士意想不到的是丈夫的家庭暴力行为就因为这些小事反而愈演愈烈。

其实陈女士和丈夫之间本没有什么大的分歧，无非是因为一些生活琐事。然而正是对这些琐事的处理不当甚至是置之不理，让丈夫的家庭暴力行为渐渐滋生、成长，最终成了一种习惯性的行为，而原本和谐的家庭当然也不复存在。

当然，要想在生活中找到这些潜藏着对和谐家庭氛围会产生危害的细节也并不是一件容易的事情，这需要我们在生活中掌握一些相应的方法。

第一，要对生活中突然出现而又一反常态的事情提高警惕。也许这样的事情只是一件再微小不过的事，例如每次都与自己拌嘴的丈夫这次在争吵时却一言不发；又比如自己的亲人一直秉承的习惯突然间发生了改变。这些可能都是家庭关系出现危机的先兆，它们往往预示着一个人的心理产生了翻天覆地的变化。

第二，要把生活琐事上与其他家庭成员产生的分歧进行分析并及时寻求解决的方法。比如家庭成员间因为今天晚上吃鱼还是吃鸡发生了争吵，比如为谁该洗碗谁该擦地产生了分歧。像这样生活琐事上产生的争端，如果不能够及时得到解决就会逐渐积累，成为家庭成员间的“心结”，甚至有可能造成心中的怨恨，最终当怨恨积累到一定程度，就会产生破坏家庭和谐氛围的行为。

第三，我们可以将那些容易被遗忘的家庭生活细节总结出来，以书面的形式列出，时不时拿出来翻一翻提醒自己。我们每个人的精力和脑力都是有限的，对于频繁出现的生活琐事也不可能全都记于脑中。因此当我们发现在某些小事上家庭成员间产生了分歧，而当时又没有想到最合适的解决方法，那么不如将这次事件记下来。这样就避免了因为日后忙碌而忘记了这件事,而让它的影响积累下来。

一切成功都源于对细节的充分把握,建设和谐家庭也是如此。如果我们想让和谐的氛围始终环绕在我们的家中,轻抚着每个家庭成员的脸庞,让他们的嘴角总是挂着笑容,那么就从生活中最细微的小事做起。关注细节,让我们的和谐家庭全无“死角”,让我们抵制家庭暴力的防线滴水不漏。

第五章

夫妻恩爱，奏响家庭和谐主旋律

1.

融洽的夫妻关系是和谐家庭的根基

在家庭生活中,很多人认为拿到一纸婚书,婚姻就受到了法律的保护,对方就永远属于自己,一切就万事大吉了,双方之间也不像婚前那样细心体贴、宽厚包容了,或变得甘于平庸、不求上进了……殊不知,法律保护得了我们的婚姻,却不能保证双方之间的感情永不变质。婚姻是很脆弱的!是需要夫妻双方互敬互爱、互帮互助、悉心呵护,共同经营,不断调整彼此的脚步,融洽好夫妻关系,婚姻才能长治久安,家庭才能和谐美满,幸福绵绵。

小田与男友恋爱了6年,直到去年才正式结婚。两人的恋爱史很浪漫,还有些传奇色彩。他们在同一所学校里上学,小田的丈夫是她的同乡,常常以哥哥的身份来关心、照顾小田。这对于小田来说是一种莫大的欣慰,小田出于对他的感激与崇拜,便和他走到了一起。小田像所有贤惠的妻子一样,承揽了全部家务。每当丈夫下班回来的时候,可口的饭菜已经端上桌了,洗澡水已经烧好了……。后来,他工作很忙,早出晚归自不必说,当小田等他一起吃饭时,他却常常说已经吃过了,并且回到家后,就倒在床上睡去了。有时,就算他回来早了,也很少与小田说话。

小田感觉很委屈,常常回想起两人恋爱时的温馨。有一天,他还当着小田的面，在家里跟一位漂亮的女同事聊天，一聊就是几个小时。小田不愿意把自己当作丈夫的私有财产，但她也不知如何是好。小田感觉到她的婚姻已到了破裂的边缘。

融洽夫妻关系是和谐家庭的根基，俗话说得好，“相爱容易，相处难”，更何况朝夕相处、常年累月的耳鬓厮磨。要想拥有一个美满的、高质量的婚姻，必须用心地去经营，处理好夫妻关系。经营婚姻是一种学问，更是一种艺术。融洽好夫妻关系其实就如同两个人共同经营的小店，经营得好就会盈利而幸福，倘若经营不当就会亏本而痛苦。如果我们暂时无法让婚姻的小店盈利，至少我们不应该让其亏本而保留持平。

在一个和谐家庭里，融洽好夫妻关系并经营好婚姻不只是默默地付出，不只是无微不至地照顾，不只是失去自我的奉献，不只是委屈时大发脾气，更不是猜疑、争吵、欺骗、跟踪盘查……。融洽的夫妻关系，需要婚姻中的两个人共同努力来营造一个爱的氛围。归根结底，婚姻是两个自由个体之间自愿结盟，融洽夫妻关系唯有相互信任、相互理解、相互包容才能谈如何去经营婚姻，如果离开了这个原则，就无法拥有高质量的婚姻。融洽夫妻关系，正确面对生活，掌握处理婚姻关系的技巧，才能使爱的小舟向着风平浪静的港湾靠近，才能带来家庭的和谐与幸福。

一次，芳芳见丈夫小丁在路上与一位陌生的年轻女子交谈，心里顿生疑窦，当她走过去时，两人却马上分开了。芳芳问小丁那人是谁，小丁说不认识，是向他问路的。芳芳疑心未退，暗暗留心起来，这一留心，更是疑神疑鬼，觉得各种迹象都表明小丁有外遇倾向。一天，小丁打电话给她，说公司有事，要晚一点回来。芳芳不放心，跑到小丁上班的地方去打探，刚到公司门口，发现小丁与一位中年女士上了一辆小车。芳芳赶紧拦了一辆出租车，紧紧跟踪。最后，小丁和那位女士进了一家高级宾馆。芳芳觉得自己的猜测验证了，心想：“这么老的女性都要，真不要脸！”她几步追上去，将女士扯住臭骂了一顿。其实，这位女士是小丁的老板娘，是跟小丁去探视住在这里的一位客户。老板娘岂能受此羞辱！跟老板一说，将小丁炒掉了。小丁一生气，要跟芳芳闹离婚。

这就是夫妻关系没有处理好，从而引起了对方猜疑。猜疑在婚姻中是一种心理现象，是由于缺乏“自我安全感”引起的。猜疑心很重的人常担心自己在人际关系中处于不安全的境地，对周围环境疑虑过多。因为社会生活纷繁复杂，对某种情况或某个问题缺少真实信息，无法做出合理判断，所以就会用猜疑来弥补自身对真实信息的缺乏。

一般来说，很多家庭的夫妻普遍都有猜疑心理，相比较那些缺乏自信和缺乏对他人的信任的女性更易猜疑。猜疑既影响人际关系，又影响自己的情绪和身心健康。对此，夫妻之间要建立自信，融洽夫妻关系，真诚相处。因为融洽的夫妻关系是治愈相互猜疑的根本，这就要求你在遇事时多往好处想。一个和谐家庭中的夫妻，有许多事，对方本无心，自己却偏偏往坏处想，越想越觉得不对劲。许多情况下不是对方对你有成见或有不利于你的行为，而是由于你的多疑而产生了错觉。

作为一个和谐家庭中的夫妻，当你的思维中第一次出现猜疑的信号后，千万要保持冷静，不要冲动行事。因为有些时候，事实并不是你想象中的那样。首先你要判断你对某事的猜疑是否具备充分的理由。如果疑点很多，证据确凿，你应设法核实情况，以求证实。如果证据模糊不清，主观臆断，演绎过多，甚至带有很强的猜想色彩，你就该尽快结束自己的猜疑，用暗示法提醒自己：“管它呢，别想那么多”，“别把人家想得太坏”。如果抱着“没有证实就等于不存在”的心态，就可以解除自己的疑心。

正确面对生活，掌握处理婚姻关系的技巧，融洽夫妻关系，是建立和谐家庭的根基，才能使爱的小舟向着风平浪静的港湾靠近。

第一，相互欣赏。夫妻之道，千言万语，可以把它归纳为两个原则：一是“努力使自己被对方欣赏”；一是“努力去欣赏对方”。爱情的真正魅力在于两情相悦。欣赏是花，爱情是果。对自己所爱的人，不要羞于表达你的爱，同时也不要吝啬你的赞美。如果能在适当的场合、用适当的表情告诉对方“我爱你”，三个字足以抵得千军万马。欣赏则是对对方的一种承认、肯定和鼓励，必然会使人产生一种满足感，所谓的了解，最大的意义就是肯定、承认、赞美与欣赏，欣赏是双方心理的共同需要，同时也是处理好夫妻关系的秘诀之一。

第二，储存感情。每个人在自己的内心深处都拥有一个情感银行户头。如果你经常在感情户头中储存真爱与默契，那么你户头的款项就越多，自然提取幸福和快乐就会越多，还可以提取微笑、温柔、鼓励、安慰等利息。即使偶尔因自私或不够体贴而支款，你也不至于因此而透支。如果户头款项很少，每次发生的冲突将会扩大化甚至发展到更严重的地步。而当信任和欣赏的准备金陷入负债的状态后，如果我们仍能不断地透支的话，感情或婚姻就会被推入到危险的边缘。人生错综复杂，我们都有可能偶尔失控，伤害了配偶。避免情感银行户头透支的最有效的办法是：平常多“存款”，多说感激与欣赏对方的话语，多做体贴关怀的事。

第三，人格独立。纪伯伦在《论婚姻》当中讲道：“在合一之中，要有间隙。”琴弦虽然在同一的音调中颤动，但每根弦都是单独的，这样才能演奏出人世间美妙的乐曲。婚姻是一对一的自由，一对一的民主。不要偏执地认为“你是我的”，那样就只能会使自己的爱巢变成囚禁对方的监狱，里面的人十有八九想越狱，只是看他（她）有没有胆量而已。一首古老的法国歌曲唱道：“爱是自由之子，从不是统治之后。”如果我们企望爱情“增长”，首先必须确认它得到了悉心的培植和坚定不移的呵护。不是改变自己，更不要试图去改变对方，而应该把各自调整到一个适度的空间，既要长相守候，也要让彼此独处。在婚姻的土壤中，让两棵个性不同的树自由地成长，这样自然就可以收获到幸福的果实。

第四，尊重对方。《圣经》中曾讲道：“要想让别人怎样对待你，你就要怎样去对待别人。”要想使你的婚姻更加稳固，最重要的一条是要学会尊重，只有懂得尊重对方，你才能得到对方的尊重，不仅要尊重对方，更要紧的是爱屋及乌，尊重对方的父母兄弟姐妹以及对方的亲朋好友。如果你瞧不起对方的家人，更有甚者将对方家人推到了自己的对立面，这种做法非常愚蠢，这样做会使自己陷入孤立无援的境地，对你婚姻的稳固将是致命之伤。

第五，相互宽容。在家庭生活中，夫妻双方往往会因为一些鸡毛蒜皮的小事而产生摩擦，影响家庭的和谐气氛。夫妻之间产生摩擦，彼此或多或少都有一定的责任。一位哲人说："结婚前要睁大你的双眼，结婚后就要闭上一只眼睛"。这句话何其有道理，不是吗？一个人本来就不可能十全十美，今天你之所以会去喜欢一个人，那么一定是这个人的某一点个性吸引了你，才让你倾心。如果我们都能学会生活的艺术，相互宽容，从而给家庭生活增添一些"润滑剂"，那么家庭生活中就不会或少有"火药味"了。

有人说：幸福的家庭都一样，而不幸福的家庭却各不相同。婚姻因人而异，也因存在的环境而不同，故经营婚姻的方式与措施也会有所差异。婚姻的经营之道，看似复杂却原本也是如此简单。只要两个人学会忍让、信任、理解，任何不利于婚姻稳定的因素都会逃得无影无踪、躲得很远很远。

2. 时常制造小情趣，让婚姻生活从枯燥中解脱

柴米夫妻，平淡生活。当一对夫妻走上红地毯，结束了酸酸甜甜的恋爱生活，开始围城生涯的时候，就必须接受日复一日的平淡生活，最初的那份浪漫和激情被柴米油盐渐渐消磨殆尽。在一个和谐家庭中，无论你还是那个角色，都不再期待两人相处的时光，今天重复着昨天，明天又重复着今天……怎样跳出平庸与乏味？多给对方制造些小情趣吧，让曾经的激情再度复活！让婚姻生活不再枯燥！

小赵说，我的一位朋友，在先生生日那一天，令其所有好友穿上象征先生出生年份的20世纪70年代的中式服饰，聚集到一间酒吧，然后打电话给先生。男人进门的一瞬，烛光摇曳，“Happy Birthday to you”声四起。望着一屋子满满暖暖的爱，这个一米八的大男人就那样一把抱住他娇小的妻子，泪流满面。

当他身心疲惫地回到家中，突然拿出两张他向往已久的球票；或者，下班后直接约他去影院，一起回味曾经浪漫的点点滴滴；又或者，在他走进家门的时候，奉上一个久违的吻，然后是早已准备好的烛光晚餐，毫无疑问，这是你早已安排好的一个浪漫之夜……。所谓意外惊喜，关键在于意外，所以，要想使你的小伎俩取得成功，一定要先努力降低他的期望值，甚至使他不抱有期望，只有如此，才能取得最佳的效果。你可以告诉他，你父母来看你了，当他想着该如何打发这个无聊周末的时候，你却突然出现在他的面前，并把自己当作最大的礼物送出去，类似这样的小小招数，定会给他极为浪漫的感觉。

提醒一句，当你的另一半要给你惊喜的时候，或者制造一些小情趣，不要一副习以为常的样子，最好表现出兴奋非常的样子。如此，才能不辜负对方的一片美意，才会让婚姻生活不再枯燥。

在一个和谐家庭中，夫妻之间乐于接受的惊喜方式有以下几种：

下班回家，等待对方的除了焕然一新的你，还有一桌丰盛的佳肴。

假期之前，你先于对方订好了旅行线路及往返机票，对方只需列席即可。

虽然对足球不感兴趣，却可以安静地陪对方看一场球赛。

在生日那天，可以制造一些小情趣，比如作为妻子送给对方一套心仪已久的球杆。作为丈夫可以送妻子一束花等。

最关键的一条，在对方需要的时候出现，不在对方不需要的时候出现。

在一个和谐家庭中，真正的浪漫是不需要太多惊喜的。之所以需要制造小情趣，只是因为不想让我们的婚姻就此成为一潭止水，让婚姻生活枯燥下去。杨绛女士靠着那杯喝了多年的牛奶红茶，不也和钱钟书先生相亲相爱地过了一辈子吗？

可见，无论哪种浪漫惊喜和生活情趣，都会给枯燥的婚姻生活增加乐趣，带来和谐与幸福。

3.

寻找激情的步调，让夫妻关系更和谐

婚后，夫妻相处更为亲密了，而夫妻间的对话却索然无味，甚至一方或双方都懒得开口。

所谓"激情步调"，是婚后生活中的"唱高调"。好比一首歌的定音定调，一开始定低了，就唱不起情绪来。一方将情绪提高八度，另一方也会打起精神来。

如一位妻子特别爱花钱买时装，却又缺乏审美观，总买些不怎么适合自己的服装。面对丈夫的批评，她却说这是"买学问，交学费"。一次丈夫陪妻子逛街，看中一件男式T恤衫，忙借题发挥："哎，这次你该给我交一次学费了！"逗得妻子忙掏腰包。因为她感觉到了丈夫"心理失衡"的暗示。

夫妻之间要多说说悄悄话，如妻子对在外边奔忙了一天的丈夫表达一点爱意与敬意，关心地问询一番他的健康状况等，丈夫对妻子家里家外的勤劳付出给予肯定和赞扬，等等。此外，晚饭后在家门附近散步，也是两个人说悄悄话的好时候。天边的晚霞可助燃起夫妻对生活的向往与激情,这时你可即兴吟诗或哼歌,而不是谈论太多具体的琐事。

还有就是以幽默来表达激情。为了使幽默式的“激情对话”不断发扬光大,夫妻中的一方应及时发现另一方的幽默,给予充分明确地肯定,可以在笑声中说:“你真幽默!”“没想到你也会这么幽默!”“真逗,让人好开心!”。一个常被他人肯定有幽默感的人,便会在自信中变得真的幽默起来。如一位妻子做好晚饭后却久等不见丈夫归家。气急中,本想对丈夫发脾气,却听到丈夫为扭转局面而炮制的幽默:“知你今晚一定又做了美味佳肴,因此我就要把午饭消化完才回来尽情享受啊!”做妻子的很难听到老实巴交的丈夫幽默一次,于是忙改变态度,消融脸上的冰霜。小小的不愉快就这样在幽默与激情中化解了。

其次就是用激情来显示真诚与投入。夫妻之间的对话,最忌虚伪、躲避与“不屑一顾”的轻蔑。

夫妻对话,有时尽管不太重视方式方法,但任何时候都应以认真、平等、真诚为基本原则。有了这样的前提,有时尽管两个人吵得脸红脖子粗,那也是对生活的一种激情与投入的表达。当然,在争吵中不说“过头话”、不带脏字等是很关键的。

激情式的对话可能导致争吵,争吵并不是太坏的事情。没有争吵过的夫妻未必是幸福的一对儿。不回避矛盾,正说明两人亲密。

激情式的争吵应很快收场,像一阵暴风雨过后,如彩虹高挂转怒为喜才好。这时,夫妻的激情应表现在主动检讨自己的失误,如“别看我声音比你大,其实我也有心虚的地方,这事我负有一定的责任……”如此等等。

最后就是几种进入“激情对话”的方式。

(1)赞美式。发现对方的良好表现或一身别致的穿衣打扮后,给予赞美,从而逐渐进入更为实际的一个话题。如丈夫夸妻子的新衣得体高雅后,再与她讨论文化素质对容貌的影响。

(2)借题发挥式。当夫妻两个人同看一部电影、电视剧、小说或节目时,可在兴奋中借题发挥引申到自己的生活中来,但这其中应注意不要盲目攀比什么,以免伤了另一方的自尊。忌说:“你看看人家多能干、多能挣钱,你再看看自己……”

(3)礼物在先式。夫妻之间,虽整天在一起过日子,但逢生日、节日、喜事、吉事之时,相互赠送小礼品、鲜花等,是可表达一份爱心的。当你向对方赠礼品时,最好再想些深情、激情的话来说,使对方感到“礼轻情义重”。有礼在先,正是双方开心之时,此刻最易进入“激情式对话”阶段。如新婚一周年纪念日时,丈夫为妻子买回一本精美的相册,含情脉脉地说:“记得吗?这是去年你总想买又舍不得买的东西,以后我们要用它记录更多的美好与甜蜜!”从而将谈话引申到对一年来幸福婚姻的回顾与展望中。

4.危难之时莫相弃,共患难夫妻勇敢去面对

一般而言,一个家庭中,丈夫天性爱冒险,而妻子则多数都甘于过着平静的生活。想要丈夫在事业上突飞猛进又害怕去冒险,这实际上是在拖丈夫的后腿,在必要的时候,女人应该勇敢地和自己的丈夫一起去冒险,危难之时不离不弃,这样既能为平静的生活增添刺激和乐趣,有时更能促进丈夫事业的成功,带来家庭的和谐。

一个和谐家庭中的夫妻,如果你希望自己的丈夫或者妻子能在所热爱的事业上获得成功,就应该鼓励对方大胆地去尝试每一个可能的机会,同时自己也做好承担风险和克服困难与挫折的准备。

美国著名的成功学家拿破仑·希尔曾经讲过一个这样的故事。

我的祖父劳勃特森从小在堪萨斯州的农庄长大。他心中有一个梦想：他一直渴望着能移居到印第安·泰里特利去，以便自己在这个边界殖民区里能够做出一番事业来。当他的妻子哈丽特了解了他的这个想法后，她没说一句反对的话就将他们的行李整理好，放进一辆敞篷马车里，然后便带着孩子们往未知的旅途快乐地出发了。后来他们在锡马龙的河岸边定居下来，这个地方，就是现在的俄克拉荷马州东北。在那儿我的祖父首先建造了一座木屋，然后用篱笆围起一片自己开垦的土地。不久后，他又借了点钱在这个小村开了一家小店，那个地方就是现在的俄克拉荷马州的杜尔沙市。

当时，我的祖母哈丽特的日子过得十分艰苦，她要照顾 9 个小孩，自己身体也不太好，而且生活条件十分恶劣，但她从不抱怨。她会小心地用旧报纸来贴补那间最早盖起来的木屋。那里没有医生，供小孩子念书用的教室也只是一间教会学校的小木屋。艰辛的日子、债务、严寒的冬天和酷热的夏天，这就是他们生活的全部写照了。但在当时，以边疆的生活水准来说，劳勃特森后来算是取得成功了。他的妻子哈丽特活着时终于看到她的丈夫变成了一个成功的、受人敬重的居民，她的儿女们也都有了幸福的归宿，而印第安·泰里特利后来也成为联邦政府的一个州。

这些女人相信丈夫，而且相信她们自己的双手和努力，即使她们面临着危险、困苦、疾病和死亡。但是，拓荒的女人们仍然愿意坚定地跟随自己的丈夫来到这片荒凉地区，并写下了美国历史上光辉的一页。他们留给自己的儿女一笔巨大的遗产，包括土地、城市、辽阔的大地，以及一种不屈不挠的勇气和无法动摇的信念。

作为一个和谐家庭中的妻子，也必须发扬拓荒前辈的刻苦精神！妻子必须心甘情愿地放手让自己的丈夫去做他最喜爱的事情，纵然他的做法有点冒险。不管遇到任何困难和挫折，她也应该深信丈夫的勇气，而且不遗余力地支持他，这样，家庭才能和谐幸福。

然而，在一个和谐家庭中，就是有些做妻子的，为了保住安稳的生活，宁愿让她的丈夫维持着自己并不喜欢的工作。使得他在自己所不喜欢的职位上干了一辈子。

有个可怜的男人刚开始的时候，他只是个记账员，后来他赚了一笔钱，于是，他盘算要注册一个自己的汽车修理厂，可这时候他结了婚。他的太太认为在他们还没有买下房子之前，他最好不要辞去这个工作。等他们买了房子并生下第一个孩子后，这位男士的妻子说服丈夫让他觉得：重新开创自己的事业，会是一件多么辛苦的傻事！于是，日子就这样一天天滑过去了。等到他的薪水已足够家庭开销，而且还有保险金可以保证孩子的教育费用，这时，他总该可以顺遂自己的心愿，可以无所顾忌地从事自己的事业了吧？可他太太的看法是：这时候还有必要开创自己的事业吗？太可笑了！万一失败了怎么办呢？无疑，他会失去在公司里的年资、公司的退休金、疾病津贴，以及一份中等而固定的薪水的！于是，这位男士就再次放弃了重新创业的冲动，因为他的妻子不愿意给他尝试的机会，不愿意和他一起共患难，去冒险。

现在，他已经成为一个对生活感到厌倦的庸庸碌碌的中年人，平时他只会把空闲的时间用来修补自己的汽车。一张写满失意的脸让人看不到有任何值得回想的东西。生命就这样逝去了！他生命中的绝大部分时间都用来压抑他对于工作的不满。由于妻子不愿给他尝试冒险的机会，不和他一起冒险，所以他对自己的工作从没有产生真正的兴趣，没有热情，更没有什么野心。

如果他放弃了自己不感兴趣的工作，努力尝试去做自己愿意选择的工作，最后却失败了，事情又会怎么样呢？天不会塌下来！而生活照样也会过下去！但至少，他会由于做过尝试而感到满足！如果他能从中领悟到失败的原因，下一次也许他就真的会迈向成功了。

在一个和谐家庭中，作为妻子，在某些时候确实应当慎重考虑丈夫的前途，但过于谨慎往往就会拖住丈夫迈向成功的双腿，和你的丈夫去冒险一次，共患难一次，即使失败了，也会为你们留下美好的回忆。

5. 能同甘共苦，更要学会苦中作乐

一个和谐家庭中的夫妻乐于与对方同甘，却不愿意与对方共苦，殊不知这恰恰错过了改变自己命运的机会。风雨同舟，同甘其苦，经历过考验和磨砺的爱情才能够稳固而持久。

曾经有一位男士，事业有成。后来他从事大宗的投机生意，一夜之间变得身无分文，如遭洗劫。在一段时间里，他对自己的境遇守口如瓶，在妻子面前强装笑脸，因为他不忍心让她听到这个消息而伤心。妻子以女人特有的敏感察觉到了丈夫的异样，她极力想以自己的温存体贴和脉脉深情给他带去欢乐。但这一切只能更加刺痛了他的心。

有一天，他已到了山穷水尽的地步，不得不对妻子和盘托出了这一切。

没想到，妻子丝毫没有抱怨，对于丈夫只有理解、温存和安慰。

他们搬到一个寒酸的住处，妻子生平第一次尝到了家务劳动的艰辛。但是她每天都唱她丈夫最喜欢的歌，在丈夫回来时总是用笑容来迎接他。

后来，他们又过上了像以前一样的好日子，但困苦时夫妻风雨同舟的动人情景却永远刻在他们的心中。

其实，同甘共苦的婚姻是最甜蜜的，当然，做到“同甘”很容易，做到“共苦”就需要你不断地付出了。

在那些共苦的日子里，一个和谐家庭中夫妻应该同甘共苦，学会苦中作乐，让生活多一点点温馨。

第一，一个和谐家庭中的夫妻要学会宠宠对方的口味。

“点心”当然不能当饭吃，天天吃，就不稀奇了，还容易生厌。所以，不定期地、隔些时候买一样对方最爱吃的东西，宠宠对方的口舌，那份点心里便藏着浓浓的爱意。尤其是，在你出差或旅游的时候，若能惦记着对方爱吃的东西，为对方带回家，更能让对方开心得不得了，夫妻之间就更和谐，家庭也就幸福了。

第二，一个和谐家庭中的夫妻要懂得谢谢对方的“好”。

当对方为你做了一件事，不管那是需要花很多时间的“大事”，或是很容易做的“举手之劳”，你都可以郑重地表示你的感激。一方面这是很好的习惯，表示别人对你好，你都放在心上；另一方面，这是绝佳的示范，让对方也学会对你的付出点点滴滴都放在心头。

第三，一个和谐家庭中的夫妻要学会送上细心而细小的体贴。

什么时候你最需要一杯热茶（咖啡）？工作了一天，刚刚进门，身心俱疲的时候；受了一些挫折，心情不太好的时候；不为什么，只是想一个人静一静的时候……。如果你在这种时刻需要握一杯热茶（咖啡）在手中，对方一定也喜欢。

不要等对方开口，你就为其端来一杯热茶（咖啡），然后离开，让其独处。如果对方在卧房或书房，那就帮其轻轻地把门带上。

这种贴心的照顾，不是深爱的夫妻怎么做得到呢？所以一个和谐家庭中的夫妻不止能同甘共苦，还要学会细心的体贴，才能带来家庭的和谐与幸福。

第四，一个和谐家庭中的夫妻要想抓住对方的心，必须先抓住对方的胃。

中国人的观念向来是“民以食为天”“吃饭皇帝大”。不是说“要想抓住对方的心，先要抓住对方的胃”吗？这句话对很多厨艺不佳的人来说，听起来实在很令人沮丧。其实，真的没关系，手艺平平的你一样可以让你的妻子(丈夫)很快乐。

可能第一次做得不太成功，不过没关系，重点是让对方看到你这样细心地要安慰她或他对某道菜的“乡愁”，也就感动得不得了啦！

第五，一个和谐家庭中的夫妻要学会制造浪漫的意外。

你知道对方每天的路径吗？什么地方是对方可能经过或出现的地方呢？公司唯一的电梯口？对方习惯泊车的那个停车场？公交车站牌？……

如果你有把握，大概几点钟，对方会从哪个地方出现，你便可以偶尔给对方这种惊喜。好好地策划一番，和他不期而遇；把自己当作礼物，“送”到对方面前。

生活中，一个和谐的婚姻最可贵之处在于爱的付出。一对和谐的夫妻会把爱的付出体现在一些小事上，费力不大，却影响不小，可令对方深为感动并怀念你的好，换得的是更深挚的关爱。

在那些同甘其苦的日子里，彼此的相亲相爱是一种最美好的回忆，与对方一起承担一切，无论是艰难还是困苦，都是你一生享用不尽的财富。

6.

就事论事，别把分歧看成“人品问题”

一个和谐家庭的夫妻和睦相处需要智慧。很多夫妻总是认为在自己的另一半面前可以任性而为，随意地依自己的脾气行事，其实这是一种错误的观点，要就事论事，最好别发生分歧，其实营造和谐的夫妻关系，既是一门艺术，也是一种策略，这是所有渴求真爱，渴求幸福的人必须学习的课程。

一次，夫妻二人决定坐下来好好谈谈。

妻子说：“你有多久没有回家吃晚饭了？”

丈夫说：“你有多久没有起床做早饭了？”

妻子说：“你不回家陪我吃晚饭，我有多寂寞啊。”

丈夫说：“你不给我做早饭吃，你知道上午工作时我多没有精神。老板已经批评我好几回了。”

“早饭你可以自己弄的啊，每天回来那么晚吵我睡觉，我怎么能起得来。你可以不回来陪我吃晚饭，我就可以不给你做早饭。”妻子不高兴地说。

“你知道我一天上班有多辛苦，压力有多大。一个晚饭，自己吃怎么了，难道你还是孩子，要我喂你不成？”丈夫也没有好气地说。

妻子抱怨说：“你总是喝得烂醉而归，有多久没有给我买花，多久没有帮我做家务了。”

丈夫也不甘示弱地说：“你知道你做的饭有多难吃，洗的衣服也不是很干净，花钱像流水，有多久没有去看我的父母了……”

就这样，夫妻二人你一句我一句地互不相让，最后竟翻出了结婚证要去离婚。

在去街道办事处的路上，他们遇见了一对老夫妇正相互搀扶慢慢走着，老妇人不时掏出手帕给老公公擦额头上的汗，老公公怕老妇人累，自己提着一大兜菜。这对年轻夫妇看到这个情景，想起了结婚时的誓言：执子之手，与子偕老。休戚与共，相互包容。可是现在竟然……

于是他们开始互相检讨。丈夫说：“亲爱的，我真的很想回家陪你吃饭，可是我实在工作太忙，常常应酬，并不是忽略你啊。”

妻子不好意思地说：“老公，我也不对，不应该那么小气，你在外工作挣钱不容易，早上我不应该赖床不起的。”

“早饭我可以自己热，每天回家那么晚一定吵你睡不好觉，你应该多睡会儿的。”丈夫忙说，“刚才在家我不应该那么凶的和你说话，我知道自己身上有很多毛病……”

妻子也忙检讨自己……

就这样，这场离婚风波平息了。从这之后，夫妻俩变得互敬互爱，彼此宽容忍让，更多地为对方着想，恩恩爱爱。

可见，导致婚姻失败、爱情终结的常常都不是什么大事，而是一些日常琐碎小事中的摩擦发生了分歧。白头偕老不是一句空泛的誓言，而是融入我们每一天的生活细节里的行动。白头偕老不仅仅需要爱情的支撑，更需要彼此的宽容和礼让，而这宽容正体现在日常生活中。

两个人能够结成夫妻是一种缘分，夫妻双方都应该珍惜。当初你接纳对方成为你的另一半时，就意味着接纳了婚姻，也必须是接纳了对方的一切。在现实生活中，要想婚姻美满，你就必须强迫自己尽量忽略对方的缺点，发现对方的优点，用一颗包容的心对待对方，这样可以消除婚姻的“阴影”，让你的婚姻生活和谐美满。

爱情的成功与否其实暗含着很多原因。我们要有付出的能力、理解的能力、宽容的能力和自我承担的能力。付出才能得到回报,理解和宽容才能营造爱情继续生长的环境。在日常的生活中多多宽容地对待对方,在细节中给予对方更多的关心和体贴,你会发现生活更美好了,家庭更和睦了。

妻子花木莲因工作业绩突出,4 月中旬被某保险公司提升为部门主任;丈夫刘顺利爱岗敬业、以情带兵,不久前被上级表彰为“百名基层优秀带兵干部”。这对夫妻恩爱互助、比翼齐飞的事迹,在南京军区“临汾旅”官兵中传为佳话。

刘顺利是“临汾旅”三营副营长。妻子花木莲精心照顾年幼的孩子,悉心侍候身患绝症的婆婆和年迈的公公,很少让丈夫为家务事分心。2005 年随军到南京后,她不向组织提要求,不给部队添麻烦,自主择业应聘到一家保险公司当业务员。花木莲大胆创新服务模式,业务量连连刷新公司纪录。凭着一股不服输的闯劲,不到 3 年的时间,她 4 次得到提升,成为公司职员中的佼佼者。

妻子的关心体贴和对事业的追求,激励丈夫刘顺利在部队更加努力工作。任连长期间,他所带连队连年被评为先进单位;担任副营长后,他带领官兵出色地完成了几次重大任务,先后三次立功受奖,是官兵公认的好干部。

刘顺利、花木莲夫妻二人齐心奋斗、共同进步的事迹在官兵中引起很大反响。旅党委因势利导,教育官兵学习刘顺利爱岗敬业的精神,争当岗位标兵;鼓励军嫂们以花木莲为榜样,自强自立,当好“贤内助”。

和谐的夫妻关系能维护一个家庭的安定团结,保障社会秩序的正常运转。夫妻双方生活在一个心舒气泰、和睦相处的环境里,是一生的幸福。大后方稳定了,中流砥柱坚实了,我们就能放心地去追求理想。试想:这样还有什么事情我们能做不好呢?

夫妻关系如此重要,究竟如何和谐相处不发生分歧呢?以下策略也许会让你受益匪浅。

(1)不揭短。

一般说来,夫妻双方十分清楚对方的毛病和短处。比如,对方存在生理缺陷,个子小,不生育,或有过失足等。在平时,彼此顾及对方的面子而不轻易指出。可是一旦发生争吵,当自己理屈词穷、处于不利态势时,就可能把矛头对准对方的短处,挖苦揭短,以期制服对方。

有道是"打人莫打脸,骂人不揭短",人们最讨厌别人恶意揭短,这样做只会激怒对方,扩大矛盾,伤及夫妻感情。

(2)不翻旧账。

有的夫妻争吵时,喜欢把过去的事情扯出来,翻旧账,拿陈芝麻烂谷子做证据,历数对方的"不是"和"罪过",指责对方,或证明自己正确。这种方式也是很愚蠢的。夫妻之间的旧账很难说得清。如果大家都翻对自己有利的那一页,眼睛向后看,不但无助于解决眼下的矛盾,而且还容易把问题复杂化,使新账旧账纠缠在一起,加深怨恨。夫妻争吵最好"打破盆说盆,打破罐说罐",就事论事,不前挂后连,这样处理问题,才容易化解眼前的矛盾。

(3)不贬低对方。

夫妻争吵时难免各执一词,都感到真理在自己这边,对方是胡搅蛮缠,往往使用评价性语言贬低对方。比如:"和你说话简直是对牛弹琴!""你这个人四六不懂,简直不可理喻!""你是一个泼妇!""你是一个无赖!"这些贬低对方的话,同样容易刺伤对方的自尊,对方为了维护自己的尊严,会一直争吵到底的。

(4)不涉及双方亲属。

有的夫妻争吵时,不但彼此指责,而且可能冲出家门,把对方的老人、亲属也裹进来。如说:"你和你爸一样不讲理!""你和你妈一样混账!"如此把争吵的矛头指向长辈是错误的,也是对方最不能容忍的。

(5)理解对方。

许多坏脾气的夫妻虽然脾气不好,但心眼儿好。认识到这一点,当对方对你发脾气的时候,你在心理上也可以缓解一下。这样的人往往是脾气上来不得了,发完脾气很快就“晴天”了。

(6)让对方的火没处发。

当丈夫或者妻子发脾气的时候,自己首先要沉住气,不能兵戎相见,想方设法把爱人的火气尽快平息下来,也可以违心地承担过错,躲过底谷,再慢慢地、耐心地讲道理。

(7)信任对方。

信任是感情的基础,一旦失去信任感,那么都将给幸福的生活带来危机。例如丈夫曾与过去的女友感情甚笃,但婚后对妻子很忠实。妻子却总怀疑丈夫与前女友藕断丝连。一日丈夫接完了一个女同学的电话,时间长了一些,妻子便不依不饶问个没完:“是她的吗? 说实话。”丈夫被问得烦透了,随口说:“是又怎么样?”于是夫妻之间发生了分歧,一场内战就此爆发。

总之,夫妻之间发生了争吵或分歧,只要把握好了度,就不会伤及感情,待到“雨过天晴”,两人又会和好如初。

7.

面对“冷战”,分析症结有效化解

有一对夫妻为小事争吵,各自认为对方无理,互不相让,以致互不理睬。

三天过去了,他们仍互不理睬,谁都不想先开口。

妻子突然心生一计,她拉开衣柜,翻了一阵又关上,又去书桌抽屉东翻西找,当满屋子衣服、抽屉都找遍了,也没见她找到什么东西,只见她又从头仔细找。

这时……

丈夫终于忍不住问她:“房子都被你翻乱了,你在找什么啦?”

妻子假装生气,回答:“找你的声音啦!”

丈夫一时未反应过来又问他:“找到没?”

妻子回他:“我刚刚只听到牛的叫声,你说找到没呢!”

丈夫终于反应过来忍不住笑起来,两人又和好如初了!

一个和谐家庭中的夫妻之间难免有误会、矛盾,处理方法得当,便能和好如初。有些人,由于处理方法不当或不及时,在激烈的唇枪舌剑中没解决任何问题,而后又进入互不理睬的“冷战”状态。被“冷战”伤害过的人都知道:最耗损情感和心力的不是冲突时的暴风骤雨,而是“冷战”。最亲密的两个人之间,最残忍的行为就是“冷漠”。

一个和谐家庭的“冷战”,是夫妻双方出现的一种破坏性沉默。虽然夫妻之间保持适当的沉默可以息事宁人,可一旦夫妻双方的沉默带有破坏性质,将会减少共同解决问题的可能,阻碍亲密关系的恢复和发展。

其实,结束夫妻之间的冷战有很多方法,比如,不要逼迫对方说话,与爱人发生口角后,对方正在沉默时,千万不要急于跟他明辨是非,说清道理,因为这样会导致对方更加沉默或诱发更大的脾气。最好向对方推心置腹地表达:“我知道你现在很难受,可能是我错了,你能告诉我错在哪里?”用这种语气说话,容易打开对方紧闭的心门。

还有就是不要用沉默来报复沉默,“冷战”表面上风平浪静,而当事者双方的内心却一刻不停地在生闷气。要想打破这种沉默,应当主动地和对方讨论如何解决已经发生的问题,可以使用友好协商的口吻:“我打算改正错误,你有什么好的建议?”只要对方感觉到你是真心诚意的,情况一定会好起来。

其次就是不要用刁难来要挟沉默,沉默发生后,“冷战”就开始了。有人把“沉默”理解为认错的表现,也有人认为“沉默”是一种无声的抗议。凡认为沉默就是抗议行为的人,大多是不能接受对方沉默的,他会采用“刁难”的办法来要挟保持沉默的人,结果使沉默的人大受折磨,问题不但没有解决,反而更加严重。如能宽容地对待沉默,让对方有一个“静思己过”的机会,肯定要比“强求”的效果好百倍。

那么,怎样化解夫妻之间的冷战呢?

(1)暂时小别。

要是你们之间仅仅是处在一个较长时间的“冷战”阶段的话,暂时的出差将是一个非常好的办法,但要记住,分开的时间别超过一个月,你回到家后,也千万别分居。

(2)说服。

感情的丧失使说服工作变得异常艰难,用过去的爱情、用家庭、用父母、用孩子甚至用财产和名誉都不可能打动去意已决的对方,你唯一的选择就是反客为主,用体贴的形式做出帮助对方的姿态,从帮助对方策划与新人的交往到帮助对方设计他(她)未来的生活。你这样做会让他(她)忽然发现你的另一面,包括你的聪明和通情达理,并意识到自己对你的歉疚。

(3)主动抉择。

是和是散,在你进行分析的时候就应该有个决定了,当你们谈话之后,你就更应该知道怎么选择。从心理感受来讲,你主动做出的选择要比你被动接受的选择要好很多,尤其是由于对方造成的问题,你主动原谅会表现你的大度,你主动分手会比对方有更大的回旋余地。

(4)交谈。

当你准备好平静的心情和分析好所有的原因后,你就应该主动提出谈话。谈话要在没有第三者的场合下,要开诚布公,把一切有可能的问题都摆在桌面上。当然,你需要的是对方对你同样的开诚布公。

(5)分析。

把你们生活中有可能激发对方冷暴力的问题一一列出,哪怕是最小的可能也不放过,然后再把跟你无关的因素也列出来,同时再把你的配偶的性格特点也写出来,看看是什么原因刺激他(她)对你实施冷暴力的。

(6)平静。

如果你发现你的配偶开始出现冷暴力倾向,在任何时候都千万不要大吵大闹,那样会适得其反,你一定要保持冷静,这样才能有足够的心情来分析你们之间的矛盾所在。

当夫妻因事发生矛盾最后达到了冷战时,到一定程度就要有一方首先打破沉默,这时另一方就应该响应,夫妻握手言和,重归于好。

打破沉默、消除冷战的方式有以下几种:

(1)直言和解。

如果双方的矛盾并不大,只是偶然出现摩擦,就可以直截了当和对方打招呼,打破沉默。如说:“好了,过去的事就叫它过去吧,不要再赌气了。”如对方有所回应,便可言归于好。也可以装作把所有的不愉快都忘掉了,像什么事也没有发生似的,主动与对方说话,对方如顺水推舟,便可打破沉默。如上班前,丈夫突然对还在生气的妻子问:“我的公文包呢?”见丈夫没有记仇,妻子也不好意思不理睬,应声道:“不是在衣柜上吗?”这样就打破了僵局。

(2)认错求和。

如果一方意识到发生矛盾的主要责任在自己,就应主动向对方认错,请求谅解。如:“好了,这事是我不好,以后一定注意。这件事是我考虑不周,责任在我,我赔不是,你就不要生气了,气出病来,可不划算!”对方听了,一腔怒火也许就会烟消云散。

退一步说,即使错误不在自己一方,也可以主动承担责任。

(3)幽默和解。

开个玩笑是打破僵局的最佳方式。如:“我说,你看世界上的冷战都结束了,我们家的冷战是不是也可以松动一下?”“瞧你的脸拉那么长干什么!天有阴晴,月有圆缺,半月过去了,月儿也该圆了吧!女人不是月亮吗?”对方听了多半会“多云转晴”。

总之,只要一方能针对矛盾的具体情况,采取相应的沟通方式,巧用言语,就可以尽快打破僵局,家庭生活就会恢复往日的欢乐与和谐。

第六章

百善孝为先，“孝”乃和谐家庭之基

1.

以孝为先,牢固和谐家庭之基

在一个家庭中,老年人是一个和谐家庭的重要组成部分,孝敬父母应该是天经地义的。夫妻相敬如宾,又都关心、孝顺双方的父母,家庭不就其乐融融、快乐又健康了吗?每个人都是要变老的,家庭千万不能忽视对老年人的关心。让老年人快乐健康100岁,这是做儿女的福分。老年人也可以给正在婚恋阶段的儿女提个醒:找对象最重要的条件,就是要孝顺父母。如果连自己的父母都不敬、都不爱,试想他(她)会爱你吗?

一个和谐家庭是创建家庭幸福最基本的细胞。家庭和谐了,才会幸福。而儿女们如何更好地孝顺老人是家庭和谐的最重要因素。我国已进入了老龄社会,全国老年人已达1.3亿以上。儿女常回家,是光"看看",还是更要"干干",给老人以更多的关爱?目前已成为如何建立和谐社会的一个新的热门话题。儿女回家是怎样"常看看"的?它如同一面镜子,把儿女们的孝心展现得清清楚楚。

我们中国有一句古话"百善孝为先",孝道是中国人的传统美德,孝顺是一切美好品质的根基,在一个和谐家庭中,如果连自己的父母都不孝顺,对长辈都不尊重,怎么会去爱别人,关心别人呢?所以教育孩子有很好的德行,教育孩子对人对事有很好的态度,就显得尤为重要。培养孩子关爱父母,关爱家人,就可以培养孩子的善良、礼貌、谦虚、勤奋等优良品质。

每个和谐家庭中都知道要孝顺父母,但并不是每个和谐家庭都清楚应该怎样尽孝道。有人认为,买房子、请保姆、吃大餐、去旅游就是孝顺父母,其实,这只能做到“外安其身”。孔子说:“今之孝者,是谓能养。至于犬马,皆能有养,不敬,何以别乎?”如果不能从心里尊敬父母,就不是真正的孝。

一个孝字全家安,为人需当孝父母,特别是在一个和谐家庭中。天地重孝孝当先,你应该感到庆幸,你还有父母可以去孝顺!如果老人已年近八旬,究竟还能有多少个春秋?别让日后自己徒增遗憾,落泪以示悲哀!常言道:“为国尽忠,在家尽孝。”孝尽父母的事情永远不能等!孝心不是用钱能够得到全部表达的。他要那么多的钱干什么?他吃不了多少,穿衣也用不了多少,更不是在这种时候你还自鸣得意地认为老人是欠了你的,甚至为此而和老人怄气!他所缺的应该是与儿孙其乐融融地相处!他们所缺的是在他难以动身时的一个代步,在他口渴时的一杯茶水,在他寂寞时候的陪伴,儿女在外都忙能每周按时聚在一起,在他生病时的一次次问候……这些都是老人内心所渴望的!

有一个故事是值得借鉴的。从前有一对中年夫妇对年迈的父母很不孝敬,他们把老人撵到一间破旧的小屋里居住,每顿饭用小木碗送一些不好吃的东西给老人。一天,他们看到自己的儿子在雕刻一块木头,就问孩子刻的是什么,孩子说:“刻木碗,等你们年纪大时好用。”这对中年夫妇猛然醒悟,把自己的父母请回正屋同自己一起居住,扔掉了那只小木碗,拿出家里最好吃的东西给老人吃。小孩因此也转变了对他们的态度,从此一家人和睦生活。

一个和谐家庭的幸福是由爱所构成的,在家庭中,首先要表达的爱就是对父母的孝顺,以孝为先。从传统观念来讲,也就是孝敬。一个和谐家庭的夫妻有没有孝心,首先就看她是否能爱自己的父母,孝顺自己的父母,才能迎来家庭和谐安康,要把孝敬父母这种观念这种爱当作一种习惯,才会牢固家庭和谐。

在一个家庭中,要牢固家庭和谐,首先,要以孝为先。应向那些爱父母、孝敬父母的人学习。首先要尊重长幼有别的家庭关系。"合理的长幼有别"与封建家长制、一言堂是不同的。所谓"合理",是指全体家庭成员之间首先是民主平等的。

同时,家庭又是一个整体,不能各自为政,总要有人当家长,来"领导"家庭,管理指导家庭全体成员的生活。父母既是生养我们的人,又是培育我们成长成才的人,而且他们有丰富的生活经验,自然应当成为家庭的核心。

其次,要从小事入手。比如:孝敬父母的一般要求是:听从父母教导,关心父母健康,分担父母忧虑,参与家务劳动,不给父母添乱。要把这些要求变为自己的实际行动,就应当从日常小事抓起。如关心家长健康方面:要求自己每天要问候下班回家的父母亲;当父母劳累时,应主动帮忙或请父母休息一下;当父母外出时,应提醒父母是否遗忘东西或注意天气变化;当父母有病时,应主动照顾、多说宽慰话、替他们接待客人等;应承担必须完成的家务劳动,哪怕是吃饭时摆筷子。这样,不但有利于培养自己做家务的能力,也有利于不断增强孝敬父母的观念:"父母养育了我,我应为他们多做事。"所以说,在一个和谐家庭中,孝敬父母是巩固和谐家庭之基。

总之,百善孝为先,要想一个家庭和谐,处理好老人与子女的关系是重中之重。作为晚辈,我们要时时处处多多孝敬老人,以孝敬老人为荣。所谓孝顺,就是一要孝敬老人,二要顺着老人,合着老人的心意来,我们日常说老小孩、老小孩,意思就是老人老了,就和小孩一样,我们不但要敬着,更要顺着、哄着,让其过得开心、活得幸福。如此,才有可能让家庭更和谐、更美满,因为谁都有老来难的景况。

2.

行孝就在即刻起

生活中,很多和谐家庭中的夫妻心中有孝,却迟迟没有行动,因为他们觉得一切都还早,父母还年轻,自己才刚刚起步,孝敬父母,以后再说吧。现在先让自己拼出个模样来。于是,忙于工作,忙于事业,忙于经营自己的家庭,心总想着,等以后我有了钱,一定好好孝敬父母,给他们好多钱,让他们买房买车,让老人坐在钱堆上随便花;等以后有了空,带着父母环球旅游,让爸爸妈妈在有生之年潇洒个痛快。等以后我天天给爸妈做好吃的,天天陪着他们……孝心就在这一天天的等待中越积越厚,孝行却在这一天天的等待中越行越远,直到有一天,才豁然明白,却为时已晚,空留遗恨,徒留悲泪。

有一对姐妹,姐姐大学毕业后留在北京工作,工作努力,爱情甜蜜,家庭和谐,日子过得像模像样。妹妹更厉害,上完大学继续深造,考到北京某所学校读研究生,后来毕业当上了公务员,当上了北京干部,户口也解决了,结婚后家庭也比较幸福和谐,夫妻恩爱。一切都非常顺利,这让父母很欣慰。

这个暑假,两个姐妹商量,决定接父母来北京玩,接着还去了趟海边,泡温泉,吃海鲜,享受了一个完美的假期。父母喜欢那个度假村,很高兴地说,这个地方好,下次还来这个地方。一家人便好好地计划着,都什么时候去哪,还计划着带父母去马来西亚、泰国玩。小女儿刚工作,手里没有多少钱,就许诺说,等以后我有钱了,就陪你们去泰国,父亲很高兴,一连说了三个"好"!

天有不测风云,刚 50 多岁的父亲却在端午节遭遇意外离开了人世。两个女儿伤心欲绝，特别是小女儿，更是抱憾无尽，这些年一直忙着工作、忙着孩子、忙着丈夫，总想着以后，想着来日方长，想着父母还年轻，一切都还来得及，而现在，除了伤感的泪水，就是无尽的后悔……

这样的遗憾，这样的伤悲，又岂止是这两姐妹独有的？有多少爱可以重来，有多少爱在等待中成了永远的遗憾。在一个和谐家庭里，有多少孝心在等待中被泪水粉碎，散落一地！孝敬老人不能等，行孝就从即刻起吧。

现代的生活让一个和谐家庭中的夫妻都忙坏了，占走了大量的孝敬老人的时间，父母反倒成了被忽视的角落。有的家庭的夫妻甚至在父母去世时都不在身边，只能一生追悔没有见到最后一面。有人总在说等以后如何如何……可是这个以后，永远也没有个时间表，以后永远是以后。而父母渐渐老去，即使有一天你真的有钱了，但父母已经不能跟你一起坐飞机四处旅游了，你真的有空做最拿手的菜给老人吃，父母已经吃不动了……你的钱和你的闲，又有什么意义呢？

在一个和谐家庭中，金钱可复得，父母不可复得；妻儿要关爱，父母更要关爱；职高位重要顾，父母更要顾，职位可另寻，父母不可另寻；生命要保，父母更要保，我们的生命是由父母千辛万苦养育而来的，如果没有父母，怎么能有我们呢？

所以，在一个和谐家庭中，无论你多忙，都要将父母照顾好，孝敬父母。不要认为来日方长，不要认为机会很多，父母不会等我们。无论你多委屈，无论你多怨恨，都不要以各种借口让自己不尽孝道，都不要与父母发脾气，和父母怄气。无论父母做了什么都不要记恨，都要坚信，父母只会为我们好，不会害我们，父母只会为我们着想，只会无私地爱我们。这样，我们才不会藏起自己的孝心，才不会让遗憾折磨我们一生，才会给家庭带来幸福和谐。

孝敬父母是每个和谐家庭现在的事，而不是以后的事。行孝就从即刻起，从力所能及的事情做起。往日不可追，未来之事皆未定，我们所能把控的只有现在。孝敬父母更是如此,能为父母做点什么就做点什么吧,别让今天流逝,别让孝心静默。

所以,在一个和谐家庭里,每个孝顺父母的人,每一个有孝心的人,要想为父母尽一份孝,不要再等了,行孝就从即刻起,把你的孝心送出去,孝心到了,家庭也就和谐了,幸福也就随之而来。

3. 别把配偶的父母当“外人”

在一个和谐家庭中,配偶的父母自古以来都是家庭夫妻的一大心病,在很多人看来配偶的父母好像就是上辈子的“冤家”,特别是婆媳彼此之间的关系更是“剪不断,理还乱”。对于造成配偶父母紧张关系的原因众说纷纭,有人说是因为媳妇“抢走”了婆婆含辛茹苦养大的儿子,也有人说是女婿抢走了心爱的女儿。其实归根结底就是一个问题,夫妻之间没有把配偶父母当作真正的亲人,才造就了这种“半亲不亲”的尴尬局面。其实,在一个和谐的家庭中,孝敬双方父母,别把对方父母当外人真的很重要,孝敬对方父母会带来家庭的和谐与幸福。

当我们组成了一个新的家庭时,我们实际上已经与对方成为彼此不能分割的整体。既然如此,对方的父母也就是自己的父母,就不能把对方的父母当作外人了,而我们也应当把对方的父母当作自己的父母来孝敬。有人说,自己碰到了“恶公婆”或者“恶岳母”怎么可能还去孝敬他们呢?他人的想法我们无力改变,然而我相信每一个人的心里都是存在善良的,如果我们把对方的父母不当作外人,当作自己的父母,那么他们不可能不感动,也不可能不把我们当作孩子一样看待。

为了家庭和谐的气氛，作为晚辈，我们理应首先迈出“和解”的一步，别把配偶的父母当外人，要从自身做起，做到孝敬对方父母如同孝敬自己的父母一样，相信父母也一定会被我们的真诚和孝心所打动，我们也将迎来一个和谐的美好家庭。

衣着朴素，面容和善，笑容可掬……初见黄桂娥，她善良朴实的形象令人印象深刻。她开朗、幽默、健谈的个性，让人时时感受到真诚与热情。当谈到她被评选为田横镇卧龙村“好媳妇”时，59 岁的黄桂娥却像个调皮的孩子，故作“神秘”地说，孝敬公婆是一个“承诺”……

“一次，我问丈夫当时为什么娶我，结果，他半开玩笑地说，你保证过孝敬公婆啊。”那我问你，你知道我为什么要嫁给你吗？是因为你也答应了我，要孝敬我的父母，也就是你的岳父岳母。黄桂娥边说边爽朗地笑起来：“小时候，俺娘常教育我要尊敬老人，当时我拍着胸脯保证一定做个孝敬的女儿。”

看来，孝敬公婆的“承诺”似乎是句“玩笑话”，但黄桂娥对公婆的孝顺确实在卧龙村传为佳话，“黄大姐是全村公认的好媳妇，孝敬公婆胜似亲闺女，尽心尽力伺候老人，俺们都很佩服她。”

“孝敬老人和自己父母是我义不容辞的责任。”说起公婆，黄桂娥更多提到的是老人的付出和不易，“婆婆今年 80 多岁了，辛苦了一辈子，该享享福了。”2006 年，黄桂娥的公公辞世。之后，婆婆不小心摔了腿，造成股骨头坏死，做过几次手术都不成功。

“公公过世后，我们想把婆婆接到家里，但老人不愿意，于是我们决定到老人屋里照顾她。”黄桂娥遵照婆婆的想法，搬到老人身边照顾她。天天换着花样给婆婆做可口的饭菜，一年四季置办新衣服，给婆婆捶背按摩、剪指甲，陪婆婆拉家常。公公突然辞世后，黄桂娥更加用心地侍候行动不便的婆婆，让老人过得顺心，安享晚年。

“我太高兴了，一晚上没睡着。”一天早上，黄桂娥和往常一样侍候婆婆起床吃饭，婆婆却拉着她的手不停念叨。原来，前一天黄桂娥带着婆婆洗了温泉浴，老人很高兴。“老人总能念着我的好，让我很感动。”说话间，黄桂娥眼眶有些湿润。

在一次闲聊中，婆婆提出想出去走走的想法，考虑到老人腿脚不便，黄桂娥并没有立即答应。一天，黄桂娥在电视上看到有人背着母亲游泰山，于是当即决定帮婆婆实现出游愿望。2012年“五一”节期间，黄桂娥一家人带着婆婆游泰山，夫妻二人合力把老人抬上了泰山；国庆节期间，又陪老人游北京，背着老人登上长城看风景……

“俺娘天天念叨你是个好媳妇！待你比我还亲呢！”每次看到丈夫满脸的“嫉妒”，黄桂娥总是笑得合不拢嘴。

面对赞扬，黄桂娥总是腼腆地笑笑，然后说：“我保证过要孝敬我丈夫的父母的。”其实，对她而言，孝敬丈夫的父母从来就不只是一个“承诺”。

在一个和谐的家庭中，可能许多人也曾经在与对方结婚时许下过这样的“承诺”，然而又有多少人真正实现了它。孝顺对方父母从来就不是一句口头上信誓旦旦的保证，它需要用实际行动去证明。就像上面的黄桂娥，她用实际行动孝敬丈夫的父母。当你证明了这一切时，也同样会获得丰厚的回报，尤其是在你的家庭中，家庭会越来越和谐，越来越幸福。

生活中，当我们走入婚姻的那一刻起，配偶的父母实际上就已经成为了我们的亲人。善待对方的父母，不把对方父母当作外人来看待，那么，自己的父母也会得到善待。将心比心，如果我们能够善待自己配偶的父母，那么我们的丈夫或妻子也一定会为之感动，自然也就会把对方父母当作自己父母，孝顺起父母来。有什么比自己的长辈得到孝顺更值得让人开心和幸福的呢？凡事都讲究因果循环，婚姻也是如此，我们种什么样的因就会得什么样的果，如果我们希望自己的父母也能被配偶善待，那么就请先善待对方的父母，不把他们当作外人，要像对待自己父母一样对待对方父母。

再者,不把对方父母当作外人,也有利于夫妻的感情。俗话说家和万事兴,只有家庭和睦,夫妻两个人的心才会贴得更近。夫妻之间难免会有误解,如果当误解发生时,我们的父母能够主动劝解自己的儿女,我相信夫妻之间的不愉快将会更快过去,有哪个孩子不相信自己父母说的话呢?

不过和配偶父母相处也不要奢望没有一点误会和不愉快,就是和自己父母还难免闹别扭呢。再说两代人难免会有观点和看事情上的分歧,所以和对方父母有误会的时候,难免有伤心的时候就多想着他们的好,不要把配偶的父母当作外人,只要自己有颗真诚善待配偶父母的心就一定会得到理解的。

尊老、爱老是子女应尽的义务和责任,因为每个人都有老的时候。夫妻双方父母也是我们的长辈,我们的父母,当我们在婚礼的仪式上喊出那声“爸妈”的时候,我们就已经肩负起了对他们尽孝的责任,所以,别把配偶的父母当外人,好好地孝敬老人,是建立和谐家庭的基础。

4. 融洽婆媳关系,互相包容与理解

一个和谐家庭中,婆媳关系很重要也很复杂,需要双方互相理解包容,才能融洽。婆媳双方要妥善处理彼此之间的关系,首先得对这种人际关系有正确的认识。婆媳双方都要承认对方有独立的人格和经济地位,双方之间是一种平等的关系,而不是一种一方必须依从于另一方的支配与被支配的关系。认识到这一点很重要,如果双方或一方对这种关系缺乏正确的认识,认为对方必须或应该听从、服从自己,则必然会在行动上、

态度上表现出来。由此导致双方关系的失调。

一个和谐家庭中婆媳之间的相互尊重要求双方有事全家协商处理，如经济开支、涉及全家的事务等要共同商量，养成民主家风；而属于个人的“私事”，则应互不干涉，个人享有“自主权”。作为媳妇，要多尊敬婆婆，因为婆婆年岁大，管家经验丰富；做婆婆的也不要总是在媳妇面前摆架子，要看到儿媳的长处，多尊重儿媳的意见。也就是说双方要相互配合，彼此尊重。婆媳长年生活在一起，难免会发生一些不协调的事情，这时就更需要双方相互谅解。所谓“谅解”，就是站在对方的立场去考虑问题。我们的先辈在处理人际关系中所提倡的“设身处地”“以已度人”“己所不欲，勿施于人”等原则，都包含着谅解的思想，是处理人际关系的“金玉良言”，也完全适合于处理婆媳关系。

有一老翁，有子媳各三，但一家相处融洽，终年不见狼烟。一日闲聊时，老翁谈起与媳妇的相处之道。他举例说，一次大媳妇煮饭，先盛一碗给他，并半征询半内疚道：“刚才我好像放多了盐，不知您会不会觉得咸了点？”阿翁吃了一口，即答：“不会！不会！恰到好处呢！”此后的一次，三媳妇煮饭时也给他送去一碗，说：“我一向吃得较为清淡，不知您口感如何？”阿翁喝了一口汤，忙答：“很好很好，正合我的口味。”结果自然是皆大欢喜。

有位做爸爸的则恰恰相反，对儿女买的东西，他总嫌贵，骂年轻人浪费，不懂节约；对儿女煮的饭菜，他也怨言颇多，或咸或淡或油放多了；连对女婿也不给面子，当着众人的面责怪他笨，挣的钱比别人少，最后弄得大家都不开心。以后年轻人买吃的用的都背着他，有什么事也不同他讲，结果这位当爸的不仅错过很多好东西，连家人都疏远他了。

一个和谐家庭中，要发展良好的婆媳关系，双方都需要学会谅解对方、体贴对方。例如星期天去游园，做媳妇的不要只和丈夫、孩子去，把公婆留在家里，应该一同前往，这样婆婆也就不会产生寂寞孤单的感受。反之，媳妇对丈夫照顾较多，对婆婆相对照顾不周，做婆婆的也应多予体谅。如果婆媳双方在相处中都能设身处地为对方着想，相互谅解，婆媳非但不会出现大的矛盾，而且还会发展得如同母女关系那样密切。

婆媳之间出现了分歧、产生矛盾时，双方一定要保持冷静的头脑。即使一方发脾气，另一方也应克制自己的情绪反应，等对方情绪平静之后再商讨处理所存在的问题。心理学告诉我们，消极而强烈的情绪容易使人失去理性，导致冲突升级；争吵还具有“惯性”，即一旦因一点小事“开战”，日后往往有事便吵，久而久之，成见会越来越大。因此，当一方情绪反应激烈时，另一方应保持冷静与沉默，或者寻机走脱、回避，等事态平息后再交换意见，处理问题。

此外，婆媳双方平日有了意见，切忌向邻居、同事或朋友乱讲。我国民间有这样一句俗语：“捎东西越捎越少，捎话越捎越多。”说的就是“传话”在人际关系中的不良作用。婆媳失和，向亲朋邻里诉说，传来传去，面目全非，只会加剧矛盾。作为婆媳，应引以为训。

小赵再一次和婆婆发生冲突以后，跑到朋友小李家诉苦。当时，小李正好手头有事，无暇陪她。小赵就和小李婆婆闲聊起来。

小赵无奈地说，她婆婆不讲卫生，做菜无味，整天唠叨，让人生厌。小李婆婆打断了她的话：“你该向这个‘糊涂’朋友学学，她不嫌我这个乡下老太婆，我在这里一住就是5年。我炒的菜明明盐放多了，可她还说好吃！前天刚给我100元零花钱，今天早上又问我还有没有零钱用。”小李婆婆一边说，一边呵呵笑起来。

办完事，小李打开洗衣机准备洗衣裳，可左看右看却找不到早晨刚刚换下的衣服。“妈，看见我的衣裳了吗？”小李打断了她们的谈话。可小李婆婆却一拍脑门，笑着说：“瞧我这老糊涂，刚才一不留神把你的衣服给洗了。”小李抱住婆婆的肩膀，故作生气地说：“妈，您怎么总犯糊涂呀！我提醒您好几次了！”小李婆婆回应小李说:“我本事挺大的吧,还能把你也带糊涂了呢!”

小赵看着小李婆媳之间亲热的样子,愣了一下神,好像若有所悟地点点头。当晚,小赵决定在小李家过夜,顺便和小李好好聊聊天。姐俩躺在一张床上,回忆着美好的往事,谈到最后,小赵深情地告诉小李:“以前我总羡慕你有好婆婆,现在终于明白了,你们之间的糊涂可真难得啊!不计较小是小非,什么事都好办了!我以后真得好好向你学习。”

从小李家回去以后,小赵也当起了“糊涂”媳妇。令人欣慰的是,不久以后,她婆婆也被“传染”了,也跟她一起“糊涂”起来。以后,她们家再也看不见“硝烟”了。

一个和谐家庭中的婆媳关系是家庭中最难处理的关系,婆媳矛盾则是一个令清官也为之发愁的难题。在婆媳矛盾的背后,隐伏着母子之爱和夫妻之爱的竞争,这种竞争往往是无意识的竞争,事实上却是婆媳矛盾激化的一个很重要的因素。父母为了把子女抚育成人,付出了大量的心血,倾注了大量的爱。一般说来,到成家之前,儿子总是把母亲视为自己最亲的人。但是,一旦儿子结了婚,组建了自己的家庭,开始感受到夫妻之爱,这时,母子之爱便自然而然地降至次要的地位,儿子新家庭的利益不可避免地放到了他原来家庭的利益之前;而且,儿子在生活中遇到了什么问题,首先关心他的总是媳妇,而儿子也总是把生活中的酸甜苦辣更多地、更主动地向媳妇倾吐,把媳妇视为“第一参谋”。这时,做母亲的便会感到感情上受到了冷落,加上儿子成家以后同自己的接触较以前大为减少,做母亲的如果不体谅,便会埋怨儿子“娶了媳妇忘了娘”,而把一肚子的怨气一股脑儿全发泄在儿媳妇身上。因此,做母亲的要有“宰相肚里能撑船”的气度,看到儿子和媳妇相亲相爱,齐心持家,构建好和谐家庭,应该为之感到高兴,切不可妄生被冷落之感和疑忌之心。

5. 关注父母饮食起居，勿让孝顺流于形式

在一个和谐家庭里，关注父母需求，照顾父母的饮食起居，不是只有达官显贵或者是有钱有权后才做的事，无论多贫穷多困苦，只要对父母有孝敬之心，哪怕吃糠咽菜、乞讨度日，也可以有吃的先让父母，有穿的先给父母，有事情先请示父母，时时牵挂父母，处处尊重父母，不管处在什么样的环境下，也不让父母操心，也能让父母感觉到安宁祥和，这就是至高的孝敬，是建立一个和谐家庭夫妻的基础。及时关注父母需求，孝敬父母，家庭也就和谐幸福了。

一个和谐家庭里，尽心尽力照顾好父母的饮食起居，让含辛茹苦养大我们的父母老有所养，老有所乐，老有所依，安度晚年。

生活中，要想父母在家里安度晚年，首要的就是要照顾好父母的饮食起居，真心真意为父母服务，勿让孝顺流于形式。特别是对于那些不能自理的老人，更需要儿女贴身服侍和尽心照顾。那么，怎么样关注父母需求，尽心照顾好父母的饮食起居呢，我们来看看下面这个例子。

王强家境贫困，父母含辛茹苦、节衣缩食地供他念书。作为家中的独子，工作后的王强如愿地结了婚，婚姻还是比较美满，妻子贤惠，通情达理，由此，家中的重担便由王强跟妻子挑了起来，因为父母年岁已大了，想让他们享些清福，想让操劳一辈子的父母安享晚年。可是，“子欲养而亲不待”，饱经沧桑的父亲还没有享受到儿子多少福，在王强工作两年后就病逝了。

后悔感慨之余，王强和妻子更加孝敬母亲，为了更好地照顾母亲，王强和妻子把母亲接来一起住，母亲生病时，王强和妻子总是不离左右,陪伴在母亲的身边,陪母亲看病,给母亲按摩揉背希望母亲的病尽快好起来。

王强和妻子平时工作也很忙,但是为了不让老人感到孤独,夫妻两个尽量多抽出一些时间陪母亲,夫妻俩还经常给老人讲笑话让老人开心。夫妻两个遇到工作忙,不能按时回家,总是惦记给老人打个电话,忙完后及时回到家中。

夫妻俩平时也关注老人需求,知道老人想回老家看看,走走亲戚,夫妻俩是尽量抽出时间,置办好礼物陪伴母亲一同前去。即使没有充裕的时间陪母亲多待几天,夫妻俩也一定会按照母亲的意愿接送老人,只要老人开心,再苦再累也从无怨言。

有一次,王强的妻子看到母亲吃饭的时候皱了皱眉,便关切地问母亲,母亲说没事。其实,王强夫妇知道母亲怕儿女担心,便不厌其烦地追问,原来是母亲的牙出了问题,母亲担心花钱,又怕儿子和媳妇担心,就不愿让儿女知道。王强夫妻俩笑着告诉母亲,你吃不好饭,再香的饭菜我们也咽不下去。于是夫妻俩便带着母亲去医院把牙齿补好。在以后的日子里,因为母亲牙不好,夫妻俩就给母亲买松软的糕点,即使炖肉,也炖得又软又烂,母亲含在嘴里轻轻地嚼就能碎。虽然牙不好,但母亲从没因为吃饭而发愁。

日常的必需品,只要母亲有需求,夫妻俩都会提前置办好。母亲身体比较差,夫妻俩就挑柔软的衣服给母亲买,看着母亲穿着新衣服在镜子前照来照去,夫妻俩比吃了蜜还要甜。

一个和谐家庭里,关注服务需求,照顾好父母的饮食起居是最起码的孝敬,也是每个和谐家庭里应尽的赡养义务。父母老了,自己不能动或者是懒得动了,理所当然由儿女来照顾。要父母有饭吃,有衣穿,吃得饱,穿得暖,心情愉快,日子舒畅,感受到儿女的亲情,不觉得老无所依,而是觉得幸福快乐,才算是一个和谐家庭夫妻尽到了孝心。关注父母需求,照顾父母的饮食起居是构建一个和谐家庭基本的任务,对父母都照顾不好,还谈什么孝敬，所以，勿让孝顺流于形式。

6.

将心比心，学会理解父母心

当今社会，在一个和谐家庭中，不论是孝敬还是孝顺，关键在于对父母的态度。只有对父母恭顺，言语温和，和颜悦色，轻声细语，才能真正体现出孝道。将心比心，在父母发火或者犯错时，要学会理解父母，和父母说话时，更需要我们克制情绪，尊敬第一，凡事都要用商量的语气，认真倾听父母的意见，才能让老人感受到你对他们的重视和尊敬。特别是在一个和谐家庭里，当父母有错需要你纠正的时候，千万不可发火，学会理解父母，要动之以情，晓之以理，打动父母才算孝。

在一个和谐家庭中，儿女侍奉父母时，对父母的言辞不当要委婉地劝阻，要去理解他们，即便是父母没有改正，还是要继续孝敬他们而不是违背他们的意愿，尽管这样做有时会很疲劳，但不能有丝毫怨恨。这样的态度，才是真正的孝的态度。

一个和谐家庭中，如果父母有过，儿女有责任和义务帮助纠正。怎么来劝，《弟子规》中有专门阐述："亲有过，谏使更，怡吾色，柔吾声。"是说如果父母错了，劝诫父母是否得当，要看我们的四种态度：第一要看我们我们的存心，第二要看我们的态度，第三要看我们的方法、对时机的把握，第四要很有耐心。"亲有过，谏使更"是一片孝心，态度是"怡吾色，柔吾声"。我们劝诫父母时一定要用商量的语气，绝不能和父母顶嘴。如果顶嘴，父母一定不能接受，一定要学会理解父母。所以，在一个和谐家庭中，假如你劝谏了而父母不听，还要不厌其烦地劝说，要等父母心情好的时候劝，要学会去理解他们。

一个和谐家庭中的夫妻都是非常孝敬父母的，也愿意为父母干这干那，但是就是“色难”，就是做不到和颜悦色，做不到轻声细语。这与幼儿时的家教有关，也与一个人的性格习惯有关。但是，随着父母渐渐老去，父母的心理也会发生一些变化，父母也会变得像小孩一样敏感脆弱，需要我们哄着、骗着才能安心，像对小孩子一样和悦，他们才能感受到儿女的孝敬。

有的人心地善良，对别的人都好，就是对父母不一样，就愿意与父母争争吵吵，就爱顶嘴胡闹，这可得注意有度，千万别伤父母的心。下面这九句话要谨记在心，千万别说或者少说。

(1)别吃这些剩菜了，怎么不听呢？(父母一辈子的节约习惯，很难改，让他们每次尽量少做点菜就好。)

(2)我自己有分寸，别说了，烦不烦。

(3)好了好了，我知道了，真啰唆。

(4)有事吗？没事我挂了。(父母也许只想说说话，我们应理解他们的用意，不要匆忙挂了电话。)

(5)说了你也不懂，别问了。

(6)跟你说多少次不要你做，做又做不好。(一些父母已经力不能及的事，我们因为关心而制止，但这样让他们觉得自己很没用。)

(7)你们那一套早就过时了。(父母的建议，也许不能起到作用，可我们应试着换一种回应的方式。)

(8)叫你别收拾我房间，你看东西都找不到了。(自己的房间还是自己收拾好，就算自己不收拾，也不要拂了父母的好意。)

(9)我要吃什么我知道，别给我夹。(盼着我们回家的父母，总想把所有关心融在特意做的菜里，我们默默领情就好。)

在一个和谐家庭中，不管什么事，不管是纠正父母的错误还是说其他的事，一定要学会理解父母，站在父母的角度出发，要以商量和尊重的语气，恭敬地请教父母的意见，千万记住不要顶嘴，更不要争吵甚至吼骂父母，谁都有老的那一天，你的儿女也像你一样对待你，你如何感想？

第七章

教子有方，传承和谐家风

1.

父母的教育会影响孩子的一生

一个和谐家庭中父母是伟大的，父母的教育会影响孩子的一生，父母给予孩子的教育不是溺爱而是爱，但如何去疼爱孩子和管理你的孩子却有着许多学问和技巧。

古往今来，一个人只要有了孩子，成了父母，是否就会做父母呢？会教育孩子呢？没有人对这个问题产生怀疑。似乎凭着那一份舐犊之爱，总可以把孩子"拉扯"成人。每个和谐家庭的父母，在小生命一降到人间，便百般关怀，无微不至。孩子哭了，轻轻地摇；流鼻涕了，轻轻地擦；摔倒了，立即扶起；给孩子洗澡，也是轻轻擦洗，生怕弄伤皮肤。这一切，对父母来说，做起来是顺理成章，不需要任何人监督与提醒。

正是这种天生的爱抚，被现在不愁吃穿的父母随心所欲地发挥着，有不少父母，对孩子的爱是放纵的，他们的爱是盲目的，是近乎愚昧的，完全忘记了父母的教育会影响孩子一生。以溺爱娇宠，把孩子惯得要么软弱无能，要么无法无天。当孩子在思想上被玷污而出现某些不良行为，灵魂受到某种侵蚀时，做父母的，就未必能像爱护自己那样，及时而又注意分寸地帮助他们清洗净化。对蒙在灵魂上的阴影，视而不见，听而不闻，甚至把缺点当成玩笑来欣赏。

有时，父母因望子成龙的心太切，又会造成对孩子管教过严、要求过高的弊端，这样不许，那样不许，既要画画，又要弹琴，扼杀了孩子的天性，揠苗助长是不能成才的，只会适得其反。这一切似乎都是源于对孩子的深深的爱。可惜往往用错了方式，相信许多父母都有这种苦恼。

父母的爱永远是伟大的，但爱的内容和结果却是千差万别的。做一个成功的父母难，难在爱得理智，爱得自然。真正对孩子负责的好父母，未必是总把孩子拴在自己身上的，他们总以自己的人格、自己的奋斗、自己的幸福，在深层次上给孩子以指导、关怀与爱抚。在精神层面上深深地影响和帮助着孩子的成长，同时履行着一个父母的责任。

要做孩子的好父母，父母对孩子的教育很关键，会影响孩子的一生。

(1)每天要抽出一些时间和孩子相处。

聆听孩子倾诉他们当天发生的事儿，诚恳回答孩子的问题，而不是表面的应付或空洞的回答。从父母的每日言行中，能使孩子感受到父母伟大的爱。

(2)设身处地地接纳和同情孩子。

通常父母都会坚持己见否定孩子的感受。譬如你忙得不可开交正在准备晚餐，小孩这时跑过来告知你“我好饿啊”，你若不理睬或加以斥责，在小孩幼小的心灵上就会受到伤害，在小孩为一些芝麻大的事而苦恼时，最需母亲的安慰。如若你对他的感受持否定的态度，怎能使他树立起自信？

(3)给孩子多称赞、少责骂。

事实上，短短几句表扬话，孩子都会雀跃不已。对孩子的错误，要多加诱导、说道理，不要粗暴地打骂。要坚持以表扬为主，正面引导、教育为主。

(4)与孩子一道设定一个坚定合理的规矩或计划。

规矩确定后，要身体力行。告诉孩子实行家规是为了他安全和爱他。在父母的悉心照料下，使孩子感觉更有信心和安全感。

(5)让孩子分担家务。

如若父母把孩子伺候得饭来张口、衣来伸手，会造成孩子无能、依赖和不安全。不论是帮忙做饭、照顾弟妹，还是清洗碗筷、扫地，他们能在此中体会到自己的重要性。

(6)与孩子一起做，而非事必躬亲。

许多父母认为提供孩子最好的物质享受,就算尽到了养育职责。但可曾想到,多数孩子宁可父母多陪他们而不是买礼物就了事了。父母多参与孩子活动是给孩子关注的最有效方法。

(7)父母不是圣人,承认父母也会犯错误。

父母坦白承认自己的失误,就会帮助孩子正视自己的缺点、改正错误。

父母的伟大在于用心地去爱孩子,而不是只有物质和训斥,用心疼爱你的孩子,孩子将会变得更加优秀。

2.

做孩子的第一个老师

在孩子认识世界的初期,对一切充满了好奇,孩子渴望了解和被了解。但我们总是在怀疑他们的能力。“这个不行”“那个不能动,你会弄坏的”“你不会,你还小”“你真笨,什么都做不好”。在毫无遮掩的怀疑中,孩子对自己便产生了怀疑,形成对自己极端的错误了解。于是在面对新问题时,他首先是畏惧、胆怯或犹豫不决,在解决矛盾和冲突中,他往往选择了“逃避”。结果,造成了产生不积极努力战胜自我的意识,自信便很难建立起来。因此,自信的培养是在孩子逐步认识自我、战胜自我、肯定自我中建立起来的。

而作为父母——孩子的第一任老师,首先要做的是还给孩子一个原属于他们自己的空间,放手让他们去做自己能做的事,要给予充分的信任而不是怀疑,结果无论是对是错,孩子得到了自己想要的真实体验,尽管可能是痛苦,却是最自然的最原始的,又有什么关系呢?如此,才可能击败阻碍培养自信的天敌。在孩子学习与成长的过程中,父母是最好的支持者，是最好的老师。成功的父母不只是会爱孩子，他们更是相信孩子、鼓励孩子，给孩子自信的智者，努力做好孩子的第一位老师。

李静第一次参加家长会，幼儿园的老师告诉她："你的儿子有多动症，在板凳上连3分钟都坐不了，你最好带他去医院看一看。"回家的路上，儿子问老师都说了些什么？李静鼻子一酸，差点流下泪来。因为全班30位小朋友，唯有他表现最差。然而，她还是这样对儿子说："老师表扬你了，说宝宝原来在板凳上坐不了1分钟，现在能坐3分钟了。其他的妈妈都非常羡慕妈妈，因为全班只有宝宝进步了。"那天晚上，她儿子破天荒地吃了两碗米饭，并且没让她喂。儿子上小学的时候，一次家长会上，老师说："全班54名同学，这次数学考试，你儿子排第53名。您能不能带他去医院查一查？"回去的路上，李静流下了泪。然而，当她回到家里，却对坐在饭桌前的儿子说："老师对你充满信心。他说了，你并不是个笨孩子，只要能细心些，会超过你的同桌，这次你的同桌排在第21名。"说这话时，她发现，儿子暗淡的眼神一下子充满了光，沮丧的脸也一下子舒展开来。她甚至发现，儿子温顺得让她吃惊，好像长大了许多。第二天，上学时，去得比平时都要早。儿子高中毕业了。一个第一批大学录取通知书下达的日子，学校打电话让李静的儿子到学校去一趟。她有一种预感，她儿子被清华录取了，因为在报考时，她给儿子说过，她相信他能考取这所学校。儿子从学校回来。把一封印有清华大学招生办公室的特快专递交到她的手里，突然转身跑到自己房间里大哭起来。边哭边说："妈妈，我一直都知道我不是个聪明的孩子，是您……"这时，李静悲喜交加，再也按捺不住十几年来凝聚在心中的泪水，任它打在手中的信封上。

这个孩子天资并不聪明，在幼儿园、小学都是属于那种被老师另眼看待的对象，他在中学也并不出色。他之所以能考上清华大学，主要是家长一次又一次编造着老师对他的赞扬，让他对自己充满信心。

父母是孩子最好的教师，是和孩子相处时间最多的人，父母的言行对孩子的影响很大。因此在日常生活中，家长在处理日常事务或工作中，应表现得自信心十足，不要碰到一点小挫折就心灰意冷，萎靡不振。

当今社会，父母是孩子的第一个老师，家庭是孩子成长的第一所学校。身为父母决不能忽视家庭教育的重要性，教育孩子是家庭和谐的元素之一。孩子在成长过程中，父母对孩子的成长是至关重要的。许多大学学生的家长，他们与一般家长相比没有优越的家庭条件，他们中的大多数人连大学也没有上过。为什么他们能够把自己的孩子送入优秀大学？不难发现，这些父母确实有过人之处，这些家庭教育确实有超众之处，他们从小就树立孩子的信心，做好孩子的老师。

让孩子在今后的人生中成为一个优秀的人，是天下父母的夙愿，但是如何让这个美好的夙愿变成现实呢？这需要父母积极地加入到家庭教育的行动中，千万不要认为，既然把孩子送进了学校，自己就可以放开手忙自己的工作或事业了，这种做法很不正确，很多父母都是在孩子很小的时候给孩子树立榜样和信心，尝试着做好孩子的第一任老师，在孩子没入学之前就开始培养孩子。

虽然家长这个“长”不是一个官职，不需要上级部门的任命，但一样要承担一定的责任，而且是关系到孩子前途命运的重大责任，绝不可小看。当然，谁也不是天生的教育家，只要父母有正确教育孩子的意识，再注意加强学习，就能不断提高自身素质，才能做好孩子的第一任老师，逐渐成为优秀的父母。

现在很多家庭不和谐，往往被教育溺爱所误导。由于疼爱孩子，再加上生活条件好了，于是很多父母对孩子非常娇惯，非常溺爱，这样的父母无疑是孩子成长的最大障碍。这话说得一点也不夸张。一些孩子之所以出问题，在很大程度上与父母的教育方法扭曲有关！父母可以疼爱孩子，但不要娇惯孩子，在溺爱中长大的孩子经不起生活的磨难！

所以说，要想让你的孩子成为最优秀的人，就要做好孩子的第一任老师，让自己的爱变成有意义的爱，而不是一种伤害！

那么，父母作为孩子的第一任老师怎样教孩子才优秀呢？

首先，父母要注重孩子的潜能开发。一个孩子的智商在未来的人生中是至关重要的。所以，父母要尽量去开发孩子的潜能。天下没有笨孩子只有笨家长！天下没有无潜能的孩子，只有没有发现潜能的父母。一个再普通的孩子，也有其独特的一面。所以，父母要学会赏识自己的孩子，发现孩子的优点，进而激发孩子的强势能力，为孩子的未来做好准备。

父母要把孩子当作艺术品精心雕刻。玉不雕不成器，孩子不教难成材。

父母应该用心教育孩子，并在家庭生活中投入足够的人力、财力、物力用于孩子的成长，不管经济条件多么困难，工作多么繁忙，生意多么惨淡，或者孩子多么不听话，都要始终如一地培养孩子。有些父母对于孩子的物质投入“超标”，但自己用在孩子身上的时间和精力不足，用“物质代替精神”是不会如愿的。不少父母工作的确繁忙，闲暇时刻希望轻松、享乐，但不愿再费心思教育子女，这是不负责任的表现。

其次，父母作为孩子的第一任老师不仅要对孩子进行卓有成效的家庭教育，还要运用智慧和勇气解决教育孩子的问题。例如，父母要以沉着冷静、机智灵活、乐观向上的心态，在特殊时期实行特殊的对策，带领孩子渡过危机，使孩子身心发展和家庭生活都进入一个新的境界。如果父母在困难面前往往心灰意冷、放弃对孩子的教育，或者心慌意乱、随意采取一些措施，这样不仅不能保证家庭教育的连续性和质量，而且最终会有碍孩子的成长，家庭也就不会和谐。

3.纠正错误价值观，别引孩子入歧途

每个和谐家庭中，因为太溺爱孩子了，要什么给什么。结果导致孩子在学校与其他小朋友交往时出现欺负弱小孩子，抢玩具或其他不正确的做法。这跟家庭教育以及父母给他树立的价值观有直接的关系，那么怎么样树立孩子正确的价值观呢？

首先，要纠正孩子的错误价值观，要让孩子意识到：过错意识不能少。在孩子的心理建构中，过错意识是不可缺少的。因为这说明孩子理解并接受了限制。但是，孩子并不能独自完成这一任务，需要父母的帮助。父母要告诉孩子，他的哪些行为违背了规则，并借机会让孩子学习规则，认识规则的重要性。比如："你比那个孩子大，你就利用自己的优势去抢人家的东西，这是不可以的。"

为了纠正孩子的负罪感观念，父母尽量淡化孩子行为的后果，甚至放宽限制，让孩子不觉得有过错。孩子没有可以参照的行为准则，由此导致的严重后果是：孩子无法意识到其行为会给别人和自己带来多大的危险。

其次就是制定明确的规则，如何让孩子知道什么是错的，是不可逾越的界限，又不产生负罪感的观念呢？注意以下几点：

(1)正视欲望和思想。

"人因为自己的行为而有罪感观念，但永远不会因为自己的欲望和思想而有罪。"让孩子懂得，他/她有权在脑子里有最可怕的思想和愿望，这不是"恶"，这是正常的事情，人人都有这类念头。但是不能把这些想法变成行动——因为人可以什么都想，什么都说，但是不能什么都做。

(2)禁令和其他所有东西一样，需要学习才能掌握。

如果违反了一项自己不知道的禁令，是无罪的。但是如果明知禁令存在,却继续违反,便是有罪的,就要纠正了。

(3)不能把人等同于他的行为。

我们可以(也应该)向孩子说明不能在超市偷东西,如果孩子做了,可以训斥;如果再次违反,就要惩罚。但不能把孩子当成小偷,不能因此证明孩子灵魂里有阴暗的东西。应该谴责的是行为,不是人;惩罚的是错误而不是犯错误的人。所以,及时纠正错误观念很重要。

(4)一个和谐家庭中不要利用感情要挟孩子。

没有必要用爱或尊重当筹码:“你让我很痛苦”,“你让我失望”,等等。这么做既愚蠢又让孩子感到内疚。没有人是因为害怕警察哭才在红灯前停车。父母好比警察,孩子才不会害怕父母被气得哭呢。

只有帮助孩子树立正常的“负罪感”,纠正孩子的价值观,也就是对自己的行为有所觉悟后产生的负罪感,教育才算是成功的。在引导过程中,不要因为孩子哭了就放弃纠正。

其实,培养孩子正确的价值观父母先自查。父母是孩子的行为标准参考,一般说来,表现欲强的孩子,父母表现欲也强。孩子在父母的熏染下,就自然而然地效仿,形成凡事爱表现的习惯。当父母觉得自己的孩子表现欲太强时,先反省一下自己,看看是不是自己行为失当,有这个习惯。如果是,及时改正自己的习惯,做事低调些给孩子树立一个好榜样,让孩子感受到父母的低调,正确、适当地表现自己。

还要告诉孩子要在适当的情况下表现。比如说,家里来客人了,要求孩子表演一下,这时就应该大大方方地在众人面前表演,这是正当的表现方式;如果客人根本没这个意思,孩子就主动表现,这就是表现欲太强。通过直接形象的事例让孩子明白什么方式的表现欲是不恰当的,给孩子形象的参考,让孩子表现适当。

最后,要适当地纠正孩子的价值观。当父母意识到自己的孩子表现欲很强时,就应该在日常生活中有意识地纠正这一行为。比如尽量不要当着外人的面夸奖他;给他灌输“天外有天、人外有人”的思想,鼓励孩子多学多听,而非马上表现。

4. 做父母也做孩子的“大朋友”

一个和谐家庭中要想培养出最了不起的孩子，做父母的也要做好孩子的大朋友，首先要尊重孩子，信任孩子，让孩子知道父母既是他们的家长，也是他们的朋友；让孩子感觉到自己和父母可以形成平等的相处关系。

一个家庭中的父母最成功之处就是让孩子在需要有人分享欢乐与忧愁之时，首先想到的是自己的父母。要想达到这种效果，必须从孩子小时，父母便要放下架子成为孩子最要好的大朋友。

欢欢的妈妈带着她去爬山，爬到山腰，欢欢突然挣脱妈妈的手说：“妈妈，那里有很多好看的鲜花。”妈妈说：“如果你想看，你就去看吧！”欢欢跑过去，蹲在一簇鲜花前，脸贴着鲜花，说了很多悄悄话。妈妈等孩子站起来后，奇怪地问她：“你刚才在干什么呀？”她说：“我和花儿在说话呀，我告诉它好多事情呢！”妈妈又问她：“说了些什么呢？”她说：“我告诉它，它长得好美丽，我问它愿不愿和我交朋友。”妈妈问：“那你为什么蹲下去？”她说：“站着说话它听不见。”妈妈牵着孩子的手，看着孩子的眼睛说：“我也蹲下来和你说话，你愿不愿和我交朋友？”这时欢欢眼里闪动着兴奋的光芒，大声嚷着：“噢，太好了，我和妈妈一样高了！我们是朋友了！”妈妈说：“我俩到山顶看看去，来看谁先到达山顶。”欢欢留下一串笑声，和妈妈一起跑向山顶。

欢欢读书不太用功，妈妈无论责备或鼓励她，都没有太好效果。每日放学回家，不是看电视，就是到处疯玩。一天，妈妈又在苦口婆心地劝欢欢专心做功课，可欢欢仍然是一边做，一边东张西望，一副无精打采的样子。这种情形让妈妈真是伤透了脑筋。“欢欢，我们现在还是不是朋友了？欢欢说：“当然是了，那妈妈讲个故事给你听听。”妈妈边说边在欢欢身边坐下。欢欢一听妈妈要讲故事，立即就来劲儿了，说：“什么故事，快讲呀！”妈妈说：“是我小时候的故事。我小时也和你现在一样总是爱玩，做功课也不认真，每次考试都仅能维持及格，那时你外公总说我是个‘淘气的孩子’。当小学毕业要上初中的时候，我兴奋得几个晚上都没睡好觉，总是在想那个学校是什么样呢！那学校的老师和同学肯定与我相处得很好。可是我的愿望没有实现，就在那时，你外公因生一场大病住进了医院，再也没有回来。我也就没有机会上初中继续学习了。后来只有一边工作，一边在夜校上课，假日和晚上睡眠的时间都要用来温习功课，那时妈妈为学习付出了极大的努力。可是你现在这样好的条件……”这时妈妈流下了眼泪。她对孩子说：“是妈妈不好，是妈妈没有用，不能让自己的孩子学习用功，妈妈以后也不想再唠叨了。”然后默默地回到了自己房间。欢欢听到妈妈这番发自内心的话后，深感不安和内疚，走到妈妈的房里，摇着妈妈的手说：“妈妈，不要再哭了，我知错了，我以后会用功读书的，不会再让妈妈伤心。”

这个故事很明白地告诉父母，只有和孩子们拉近距离的时候，才能更好地实现心灵的沟通，这也是父母走进孩子内心世界的捷径。孩子小的时候，有着丰富的想象力，可是由于语言逻辑性差，往往是滔滔不绝说了半天，却还是词不达意，但他希望父母知道他在说什么、想什么。在这时候，孩子常常是一本正经，两只眼睛瞪得圆圆的，一副煞有介事的样子。每当此时父母应该耐心地听下去，不要打断孩子说话。父母的这种态度会使孩子认为父母喜欢听他讲话，是他的朋友，他就会无拘无束地说出自己内心的所有想法。采用这种方式沟通，不但能促进孩子的思维及表达能力，还能培养孩子的自信心及开朗的性格。同时，父母也能了解孩子。

假如孩子在说话时父母不耐烦,或者打断他的话,说:“不知你一天到晚说些什么,不要说了。”这样孩子就会觉得“父母既然不明白我,再说下去也没劲”。从此再也不会随心所欲地和父母说话,就会去寻找有共同话题的朋友去了。

一个和谐家庭的父母,作为孩子的大朋友与孩子沟通是心与心的沟通,孩子的喜怒哀乐父母要用心去感受,用言语来安慰,用行动去帮助。同时让孩子知道,孩子的喜怒哀乐就是父母的喜怒哀乐。当父母对孩子有情绪时,也要坦诚地告诉孩子,把孩子也当作朋友,让孩子理会父母的苦衷。当欢欢看到妈妈为了她不用功读书而伤心掉眼泪时,欢欢深感内疚,认识到不好好读书妈妈会经常伤心,为了不让妈妈再伤心,也就决心好好用功读书了。所以,在与孩子沟通时不妨试着把自己当成孩子的大朋友,在用内心的真情实感去触动孩子,比高声讲道理,厉声叱责孩子会来得更有效。

要想让孩子乐意与父母沟通并作为朋友相处,父母必须记住以下几点:

(1)作为孩子的大朋友要站在孩子的角度去想问题。

始终保持和孩子平等的关系进行沟通,多站在孩子的角度去想问题。要走进孩子的心灵,和孩子用“心”说话。

(2)作为孩子的大朋友要相互尊重。

让孩子知道父母尊重他,但也希望孩子尊重父母。

(3)作为孩子的大朋友要与孩子沟通应采用恰当的方法。

孩子不一定很顺当地接受家长的建议或方法。家长仅有一副热心肠不行,还要善于选择一种行之有效的方式,使正常的交流在亲子间畅通无阻。

(4)作为孩子的大朋友要沟通不等于说话。

沟通是父母子女双方在平等交流的基础上彼此都吸收对方的部分观点,最终达成共识。父母不要以为已经跟孩子说过就算是跟孩子沟通了。

5.

别用我们的思想束缚孩子的未来

松开对孩子的束缚，别用我们大人的思想来束缚孩子的未来，让孩子的思想自由飞翔。其实作为父母，不应压制和束缚孩子童真的思想，而应该合理地引导和鼓励，让孩子的思想自由翱翔。西方一位哲人说过："一个国家的未来，掌握在那双推动摇篮的手上。"

许多父母都在抱怨自己的孩子"呆头呆脑"，没有创新能力。为什么会出现这种情况，我们不妨先来看一看哥伦布的故事：

有一次，在为哥伦布发现新大陆举行的宴会上，一些贵族认为哥伦布发现新大陆完全出于偶然。

哥伦布没有辩驳，他在宴席上拿起一个鸡蛋，对这些贵族说："诸位先生，你们能把这个鸡蛋立在桌子上吗？"

那些贵族拿起鸡蛋，左立右立，怎么也立不起来，只好请哥伦布来立。

哥伦布把鸡蛋朝桌上一磕，鸡蛋立住了。

贵族们很不服气，说这样他们也会做。

哥伦布笑着说："问题是你们这些聪明人，谁也没有在我之前想起这样做！"

虽然这是一个笑话，却说明一个道理：创新的行为往往产生于"奇思妙想"。有创新能力的人提出的问题常常"出乎意料"，思考的结果往往"与众不同"。

这就是发散性思维，也可以叫作创造性思维，具有这种思维能力的人是今天我们这个时代奇缺的人才。创新是民族的灵魂,会创造的人是民族的珍宝。

人们常常感叹,我们今天的时代,这种具有发散性思维的人才太少了,原创性的东西也太少了,为什么呢?原因当然很多,但其中有一点不可忽视:我们没有给孩子心灵足够的自由空间,我们对孩子的束缚往往太重太多。

自由是心灵成长的基础,是创新思维的源头。好比人体里的水一样,每时每刻不能少。人体缺了水,细胞就会枯萎;心灵缺少自由,头脑就会僵化,灵感就会消失。所以有位作家说:"我不愿有一个塞满东西的头脑,而情愿有一个思想开阔的头脑。"

这里还有一个很有趣的故事:

老师问同学:"树上有10只鸟,开枪打死一只,还剩几只?"

这是一个传统的脑筋急转弯题目,不够聪明的人会老老实实地回答:"还剩9只。",聪明人会回答:"一只不剩。"但是有个孩子却是这样反应的。

他反问:"是无声手枪吗?"

"不是。"

"枪声有多大?"

"80分贝至100分贝。"

"那就是说会震得耳朵疼?"

"是。"

"在这个城市里打鸟犯不犯法?"

"不犯。"

"您确定那只鸟真的被打死啦?"

"确定。"老师已经不耐烦了,"拜托,你告诉我还剩几只就行了,OK?"

"OK,树上的鸟里有没有聋子?"

"没有。"

“有没有关在笼子里的？”

“没有。”

“边上还有没有其他的树，树上还有没有其他的鸟？”

“没有。”

“有没有残疾的或饿得飞不动的鸟？”

“没有。”

“算不算怀孕肚子里的小鸟？”

“不算。”

“打鸟的人眼睛有没有花？保证是10只？”

“没有花，就10只。”

老师已经满头是汗，但那个孩子还在继续问：“有没有傻得不怕死的？”

“都怕死。”

“会不会一枪打死两只？”

“不会。”

“所有的鸟都可以自由活动吗？”

“完全可以。”

“如果您的回答没有骗人，”学生满怀信心地说，“打死的鸟要是挂在树上没掉下来，那么就剩一只，如果掉下来，就一只不剩。”

这位学生的话还没说完，习惯于标准答案的老师已经晕倒了！

从这个看似笑话的故事中，我们可以看到，一个人的思想在没有禁锢、没有限制的情况下，是多么自由奔放、充满生命的活力！

给孩子松开翅膀，让他们的思想自由飞翔吧！这不仅仅是对孩子负责，也是对国家的未来负责。

6.

教育子女需坚持终生

父母聚在一起谈论较多的话题不外乎事业、家庭、孩子，在这些谈话中经常会听到这样的牢骚："我那孩子，教他的事他偏要拗着来。""哎，孩子大了，翅膀硬了，要教好孩子，难啦！"的确，教育子女是一门艺术，是需要终生坚持的，是建立和谐家庭的基础，可你只要掌握了其中的精髓，也会培养出成功的后代。

身为父母应了解孩子的心理特点，他们有独立的思想和个性，渴望与成人平等地交流；渴望有一定的自由空间，而不是在父母的监视下做事；他们希望在事关自身前途的大事上，能以自己的志向为出发点进行选择，而不是违背自己的意愿走父母定下的路；他们希望在家庭事务中能行使自己的发言权，而不是听父母训斥："小孩子不要管大人的事"……如果父母能做到把子女当成朋友，与之和谐亲密地相处，那你的教育就成功了一半，家庭也和谐了。当然，和谐家庭教育的最终目的是要塑造社会的有用之材，如何将你的教育理念融入平时的交流之中，并能言传身教，让孩子在潜移默化中接受熏陶，也是一门值得研究的艺术。

在和谐家庭中，子女的学习一直是父母最关注的事。父母一般都会不遗余力地为孩子购置各种学习用品、辅导资料及辅助用具，但如果能在如何激发其学习兴趣上动些脑筋，效果岂不更好？比如，知识层次稍高的父母，在对待子女学英语这件事上，除了为其购置课外书，甚至电脑、学习软件等之外，应让孩子学以致用，避免以往"哑巴英语"的教育结果，为此，不妨给孩子营造一个能够进行英语会话的家庭氛围。如利用晚餐后的消化时间，简单地进行一些英语对话，即使你和孩子都不能流利地说英语，半英半中亦无妨，鼓励孩子大胆地说，有疑问一起查词典；或者与孩子一起散步，引导孩子对某一景致用英语描述，适当指点其如何能描述得更形象、生动，如加入诸如颜色、形状等的形容词，或者比喻用法，这样既能让孩子学以致用，又教给了孩子一种学习和表达的方法。

“三人行，必有我师焉”。其实孩子在某些方面亦可成为父母的老师，父母应乐于接受孩子的指点，比如你的英语底子不好，又恰逢职称考试需考英语，不妨在适当的时候向孩子请教，他(她)会很乐于担任这一“老师”的职务，你认真地学，会促使孩子更用心地“教”，同时亦激发了他(她)的学习兴趣。你在学习的过程中，亦可用谈心的方式向孩子一诉苦衷：“没办法，妈妈要工作，要生存，就得接受社会的考验，即使学得再吃力也得挺住。真羡慕你们正处在学习的黄金时代，现在把基础打好了，以后就能轻松应付这些考试了。”这样看似言者无心，却起到了听者有意的效果，将社会的压力适当地传达给孩子，又避免了家长式的训斥和唠叨。

其实，教育子女需要坚持终生的，子女的升学问题事关其前途，也是父母十分上心的事。谁都希望自己的孩子中考能考上一所重点中学，高考能考上一所名牌大学，但能上“重点”“名牌”的毕竟是少数，在升学问题上还是要对子女有一个正确的评价，因人而异。如果你的子女成绩拔尖，升学希望很大，那么你可全方位地支持他(她)考学；如果你孩子的成绩升学无望，就不要给孩子过大的压力，以免损害了孩子脆弱的心灵，而应尊重孩子的兴趣，发掘孩子特长，因材施教。“望子成龙，望女成凤”是每位父母的夙愿，但并不是只有上大学才能“成龙、成凤”，塑造孩子健全的人格特征，有朝一日他(她)亦能加快成为某一领域的优秀之材，而强行塑造和改变孩子，只能应了那句古语，“强扭的瓜不甜”，或有“拔苗助长”之嫌。

在子女升学的专业及就业的选择中，父母尤其不要像“父母官”般下传“旨意”，应尊重孩子的意愿。诚然，孩子涉世不深，某些想法可能流于幼稚、片面，可也只能交心谈心地加以引导，这种方式更能让孩子愉快地改变自己的初衷。但如果确实是孩子兴趣所在，则应尊重其选择，否则徒增其逆反情绪，而成为日后的隐患。毕竟，各种关于顺从父母改变所学专业而日后出走的报道不在少数。在孩子升学的选择中，父母的指导与分析亦非常重要，比如，时下的父母们在子女升大学的选择中大多面临一个共同的问题,到底是选大学重要,还是选专业重要。随着素质教育的推进,社会对人才的综合素质要求愈来愈高,而大学行使的职能首先是培养学生的综合素质,提高其能力,其次才是专业知识传授。大学生的可塑性非常强,而塑造的方向又与整个校园环境密切相关。故笔者个人认为,选择一所好的大学比选择专业更重要。一所底蕴丰厚、充满人文精神与现代氛围的大学,将对学子们产生深远的人生影响。时下的家长们已逐渐意识到了大学环境的重要性。

孩子在成才的道路上攀登,而父母们亦在不懈地学习这门"教育学"的课程,这份教育需要坚持终生,父母给孩子无微不至的呵护、鼓励与引导,孩子亦会给我们提供不懈学习的动力,帮助我们做称职的父母,构建一个和谐的家庭,使我们的人生更完善成熟,更灿烂辉煌。

7. 多用"正强化",鼓励孩子建立友谊

生活中,正强化的鼓励能帮助孩子建立同学间的友谊,正强化的鼓励胜于苛责。这句话真的很重要,无论对于成人还是对于孩子来说,都是极为重要的,作为社会中独立存在的个体,鼓励能加快成长的速度,加速孩子社会化的适应过程,鼓励和帮助孩子建立同学之间的友谊,是一位成功母亲铸就和谐家庭必须要做到的。

鼓励不仅能增进同学之间友谊,还是情感力量的巨大源泉。通过这种早期的亲密经历,孩子们形成了自我意识、自信心和自尊心。通过鼓励建立与孩子之间的友谊,友谊能够帮助孩子渡过他目前生活中的情感上的危机和冲突,不然这些危机和冲突会使他出现迟迟不能解决的心理问题。

一般来说，年龄在六岁到九岁之间的孩子会有相对短暂的友谊，他们都是建立在单一的活动的基础上的。例如，一个七岁的女孩可能会有一个溜冰的朋友，一个骑车的朋友，还会有一个在学校里共进午餐的朋友。可能还有几个参与“多重活动的”朋友，而这个年龄阶段的孩子经常要和这种朋友共度许多时光。可是一般来说，个人对这些朋友的忠诚是非常简单的和没有什么要求的。对这个年龄阶段的孩子来说，任何一种友谊持续了几个月就结束了是非常正常的。

到孩子九岁左右的时候，友谊就变成了一种极为重要的事情。那时孩子和他的同龄人的社会化程度，都能够使他们理解亲密的和相互依赖的联盟的价值。更关键的是，这个年龄段的孩子在情感上的成熟程度，都能够使他们和同龄人产生共鸣。所以，和年幼的孩子相比，他们和自己特别投缘的朋友分享思想和感情更觉有趣。

所以，九岁以上的孩子经常寻找或者拥有和特定的同性朋友之间强烈的、要求非常高的关系，也就是所谓的知音。这种关系许多年中都可能是孩子快乐或痛苦的重要源泉，因为孩子在不断培养着这种友谊，也在不断地受到它的滋养，并且为它感到痛苦和快乐。一般来说，这个时期所有的友谊都比以前的更加复杂，更加长久。

做母亲的应该明白不同年龄段里孩子的性格特点和心理需求，做到对症下药，恰当地给予一些支持和指导：

(1)尽量不要干预孩子的社交生活。

母亲应该尽可能地向孩子传授自己情感的成长经验，为的是教孩子寻找他自己的朋友或者处理被别人拒绝的方法。在友谊的这个领域中，孩子想要、需要也应该保持相当的独立性和隐私。

而且，不要过快地得出有关孩子社交生活的结论。这包括不要匆忙地下结论，觉得孩子不能和朋友好好相处，或者觉得，孩子因为没有朋友而痛苦，或者卷入了“令人不快的”友谊之中。

在对自己关注的任何事情采取行动以前，母亲要和其他的也了解你的孩子的成年人核实一下自己的印象，这些成年人包括孩子的老师。母亲对当时情况的看法可能是十分苛刻的、偏颇的和受到误导的。

如果母亲觉得这样做有帮助的话，母亲可以就孩子的友谊谨慎小心地问问他的兄弟姐妹。只是这样做的时候，必须要当心不要让孩子处在尴尬的或者窘迫不安的境地。

(2)鼓励孩子谈论他的友谊。

关于孩子的友谊，只有他自己才能给母亲提供最有价值的信息，所以母亲首先应该和孩子商量，让他能够轻松地谈论友谊，或者没有友谊的生活。母亲可以利用以下这些方法达到这个目标：定期地或偶尔地表达母亲对这方面的兴趣，保留母亲自己个人的判断，提及孩子以前曾经提到过的人名或者事件，或者和孩子分享母亲对于自己过去的和现在的友谊的记忆。

这些交谈对孩子的帮助就和对母亲的帮助一样。这给孩子提供了一个讨论的场合，使孩子认识到自己对于特定的友谊的真正情感，也能帮助孩子了解某种他们想拥有可并不能拥有的友谊。

(3)帮助孩子了解社会的暗示和行为。

孩子们由于不了解人们一般用以表示自己情感的语言和非语言的信号，因此难以和同龄人和睦相处。例如，有的孩子不懂得伙伴温和的嘲笑更多的是表示兴趣和喜爱之情，而不是讨厌；有的孩子在无意中疏远了十分令人喜爱的伙伴，只是因为这个伙伴在婉转地表达了想自己待一会儿的愿望以后他却仍然纠缠不休。

利用每一个机会，用一种随意提起的方式告诉孩子特别行为的社会含义。这样做的一种方法是：对于孩子告诉母亲的和同龄人有关的事给予不带威胁性的评论，或者对母亲和孩子亲眼在现实生活或者电视中看到的人际场景给予有教育意义的评论。

(4)教孩子如何成功地处理社会情境。

让孩子理解强取豪夺、哭哭啼啼、背后说别人的坏话、撒谎和偷窃都是得不到社会赞赏的行为。孩子还需要知道什么行为是得到社会赞赏的：分享、合作、值得信任和被依赖、尊重别人的身体和财产、表示对别人的难题的关心和帮助别人获得快乐等。

此外，找个合适的机会和孩子谈一谈解决冲突的基本因素：确定某个人的需要，倾听另外一个人的需要，和平地进行协商，找出妥协的办法。和孩子一起进行演习，是表达这些基本因素的最好方式之一，所以，要注意具体的、真实生活中引起母亲的注意而且可以演习的情况。

(5)帮助孩子参与同龄群体的活动。

尽量使孩子对于参加运动队、爱好者俱乐部或者社区的活动小组感兴趣。并且，带着孩子到有其他的孩子在场的地方，或者参与其他孩子的活动，例如去公园、海滨、商品交易会、邻居的集会、一群人野营、用于消遣的公园、环境中心、儿童剧院或者去参加和节日有关的公共事件。

(6)确保孩子在家中可以得到充满爱意的一对一的关注。

如果孩子因为和朋友之间的麻烦或者没有朋友而觉得沮丧或者焦虑，只要觉得自己和其他家庭成员的关系是温暖的、支持性的和令人愉快的，那么这种麻烦在很大程度上能够得到削弱。随着时间的流逝，这种关系也可以帮助在社交上觉得尴尬的孩子培养某种自信心和技巧，而这正是和同龄人培养更加使人满意的友谊所需要的。

在孩子的成长道路上，有一位通情达理的母亲的支持无疑是非常幸福和幸运的，作为一个成功又负责的母亲来说，支持和帮助孩子建立和处理好他的友谊，是做母亲的职责所在。

8. 好习惯从小养

一个和谐家庭中，孩子的精力若不用到有益的方向，就会成为破坏的力量；只要养成了勤恳的习惯，恶魔便无机可乘了。

在家庭生活中,孩子从生下来的那一天起,就在自觉不自觉地进行着某种习惯的养成过程,这本身就是影响孩子健康发展的过程。况且,坏习惯一经养成,再改变过来往往要耗费巨大精力,甚至有些习惯还会对孩子造成终生无法补救的损失。为了能有更好的发展,一开始就应注重培养孩子的良好习惯。一般说来,良好习惯往往同时具有行为上的自然性、自觉性、规律性、科学性的特点。因此在一个和谐家庭中,良好习惯的养成过程,也是对孩子智力的锻炼、开发过程。

现代医学的研究成果告诉我们:手指的活动能刺激大脑皮层中的手指运动中枢。手在劳动时能将信息及时传给大脑,大脑经过思维、判断又不断检查、纠正和改善手的动作。手脑配合的灵敏和协调程度,直接影响着孩子心智的发展程度。所以,如果孩子从小养成了劳动习惯,这不仅是不失时机地在手脑的并用上对孩子智力的锻炼,也是对孩子智力的有效开发。

学学卡尔·威特(老威特)吧!他严格地规定儿子的学习时间和游玩时间,培养他专心致志的学习精神。在小威特学习功课时,老威特绝不允许有任何干扰。开始时,平均每天给他安排15分钟的学习时间。在这个时间,小威特如果不专心致志地学习,就会受到父亲的严厉批评。在学习中,即便妻子和女仆问事,他也一概予以拒绝。老威特还培养小威特做事敏捷灵巧的习惯。如果小威特做一件事磨磨蹭蹭,即便做得再好他也不满意。这对培养孩子雷厉风行的作风起了很好的作用。

也许有人认为,卡尔·威特那样的教育方法,一定会使孩子牺牲很多吸收其他知识及玩耍的时间。然而实际上并非如此,小威特入学之前每天最多花费一两个小时的时间在学习上。正是由于在学习专业知识时专心致志,效率极高,才使威特赢得了很多时间从事运动、休息和参加社交等。

对于老威特对儿子在行为习惯方面的培养也有各种议论,对于这一点,可以先读一段卡尔·威特在书中记载的一个实例:

儿子6岁时,我带他到L村的E牧师家去玩。在吃早点

时,儿子洒了一点牛奶。按照家里的规矩,洒了东西就要受罚,他只能吃面包了。我儿子本来就喜欢喝牛奶,再加上E牧师全家非常喜欢他,为了他的到来,还给他特意调制了一种牛奶,并添上了最好的点心,这对小威特还是诱惑不小的。我儿子在洒掉牛奶后,脸先是稍红了一下,迟疑了一会儿,但终于不再喝牛奶。我故意装作没看见。

E牧师家的人看到这种情况,实在沉不住气了。只得再三让他喝牛奶,可儿子还是不喝,并十分不好意思地说:"因为我洒了奶,所以就不能再喝了。"E牧师家的人还是再三劝说他:"没关系的,一点关系也没有,喝吧,喝吧!"我在旁边一边吃着点心,一边仍然故意装着没看见。儿子还是坚持不喝,在万般无奈之下,E牧师全家就向我进攻了,他们推测一定是由于我训斥了儿子。

为了打破僵持局面,我让儿子出去一下,并向牧师全家说明理由。他们听后责怪我:"对一个刚6岁的孩子,因为一点点过错就限制他喝和吃自己喜欢的东西,你的教育过于严格了!"我只得加以解释说:"不,儿子并不是因为惧怕我才不喝的,而是因为他从内心里认识到这是约束自己的纪律,所以才不喝的。"在听了我的解释后,E牧师全家还是不相信,于是我决定通过做一个试验来展示事实真相:"既然这样,那么我们可以试验一下,我先离开这个房间,你们再把我儿子叫来,劝他喝,看他是否会喝。"说完,我就走开了。

待我离开房间后,他们把我儿子叫进屋里,热情地劝他喝牛奶、吃点心,但毫无效果。接着他们又换了新牛奶,拿来新点心诱惑我儿子说:"我们不告诉你爸爸,吃吧!"但儿子还是不喝牛奶,还不断地对他们说:"尽管爸爸看不见,上帝却能看见,我不能做撒谎的事。"他们接着又说:"由于我们马上要去散步,你什么也不吃,途中要挨饿的。"儿子回答说:"不要紧。"实在没有办法了,他们只好把我叫进去,儿子如实地向我报告了情况。我冷静地听完后,便对他说:“威特,你对自己良心的惩罚已经够了。因为马上要去散步,为了不辜负大家的心意,把牛奶和点心吃了,然后我们好出发。”儿子听完我的话,才高兴地把牛奶喝了。仅仅6岁的孩子就有这样的自制能力,E牧师全家都深感不解。

在培养孩子的行为习惯方面,卡尔·威特的一条根本经验就是,是非分明、始终如一。有时答应,有时不答应,反而会给孩子带来痛苦。不允许的事,一开始就不允许,这对孩子就没有什么痛苦。

综观当今大多数父母,他们的“禁律”出尔反尔,反复无常,不能始终如一。有时不行,有时却又变得行了。这样久而久之,就在孩子的心灵上打下了父母的“禁律”可以打破的烙印。所以要教育好孩子,父母必须对事物的好坏有一个始终如一的主见,无主见是教育孩子的最大禁忌。

当然,培养孩子良好的学习习惯和学习兴趣也同样重要!

孩子在给整个家庭带来了欢乐的同时也承载着几代人的期望。对比幼儿教育的成功个案可以发现,要想培养孩子的学习兴趣就要从小抓起,这个时间段越早越好,大概3岁左右就可以实施。在生活和游戏当中可以不断鼓励孩子独立完成遇到的困难,比如跌倒了自己爬起来等。在生活和游戏中遇到的现象随时向他做正面解释,例如:树为什么会长大?天为什么会下雨?激发他的求知欲,培养学习兴趣。

另外,还必须要重视孩子生活中主要的几个常待的地方:奶奶家、外婆家、自己家。几个家庭经常沟通,在孩子教育上步调一致,字典地图等学习用品都是买的3份,房间布置也是尽量像增强学习氛围的方向发展,学习和生活的要求上完全一致。

此外,家庭中的父母,还要重视孩子提出的每一个问题。孩子的问题是让很多人记忆犹新的,他们的发问往往带有一些“后现代主义”的色彩,有人用“天马行空”“荒诞不羁”来形容那些可爱的问题,但是,他们忘了,孩子的那些问题却是他们去理解这个世界的最初的努力,如果不正视它们对孩子的成长十分不利。

孩子学习的自觉性一方面来自环境的营造和兴趣的培养;另一方面

是来自对社会的认识和思想的成熟。“为什么要学习”“学习的目的是什么”以及生活遇见的种种问题都积极地与孩子展开讨论，以此来加快他思想的成熟程度，形成学习的自觉性。

9. 子不教父母过，孩子犯错先自省

父母怎样批评教育孩子才肯改呢？俗话说，子不教父母过，孩子犯错先自省，这样才会培养出最聪明的孩子。

相信家庭中的很多父母都遇到过这样尴尬的情况，孩子受不了一点批评或者教育批评后孩子不以为然、我行我素，甚至顶嘴。当孩子经常不接受你的批评时，作为家长是否应该从自身的角度好好反思一下呢？在批评孩子时一定要让孩子做到心服口服，这样才能达到教育孩子的目的，所以批评孩子时一定要讲究方法。我国著名教育家陶行知先生曾说过一段话，他说：“在教育孩子时，批评比表扬还要高深，因为孩子在犯错时，批评时一定要讲究方法，这是一门艺术，你用得好它比表扬的效果还有用。”因此，在教育孩子上，处处留心皆学问。

谈到孩子犯错，我们首先要强调一点：不可轻易对孩子进行批评，父母不要滥用批评来教育孩子。如果孩子在犯错时，滥用批评的结果是没有真正起到教育孩子的作用，反而引起了反作用。我们只有在迫不得已的情况下孩子犯错才批评孩子，批评孩子与否，家长要有一个清晰的把握。很多时候，孩子犯错，父母先要自省。

所以，父母在教育孩子之前要了解清楚事情的原因，不能偏听偏信，在没有证实，孩子没有承认的情况下草率地去教育孩子，只会使孩子感到委屈，也有损于父母在孩子心目中的形象。

如果孩子只是因为不小心造成了一个错误，而这个错误本身并不大，比如孩子不小心碰翻了一杯奶或打碎了一个杯子,那么父母也没有必要小题大做,为这样的事情去批评教育孩子。在这种情况下,父母只要淡淡地说一声:“拿抹布把奶擦掉,拿扫把把玻璃扫掉。”让孩子自己收拾残局就可以了。有时当孩子犯了错误时,父母不妨自省一下,假如我是孩子,我会怎么看待这一错误。当孩子玩沙土、玩泥巴时,家长首先想到的是不卫生,想到的是这一行为会把衣服弄脏、弄破,给自己带来麻烦。孩子却觉得这一活动给他带来了无比的快乐,这是一种百玩不厌的游戏。如果家长能换位思考,孩子犯错先自省一下,站在孩子的立场考虑问题的话,一定不愿扫孩子的兴。

如果孩子因为对某一事物好奇,抱着做实验的想法做出错事来,这种情况下也不要教育孩子,而应该引导孩子的好奇心。比如幼儿园的一个小男孩,发现自己的毛巾上出了一根线头,他觉得很好奇,便拉了拉这线头,线头越拉越长,他想弄个究竟,就不断地往外抽线,以至于弄坏了毛巾。老师却没有批评教育他,问清他的动机后,给他讲述了毛巾是怎样做出来的。既保护了他的好奇心,又让他懂得了不少道理。虽然孩子可能会把事情越弄越糟,但基于孩子的动机,家长不应该批评他,而应该鼓励他做进一步的探索。

如果父母和孩子发生了分歧,孩子坚持己见,在这种情况下父母不应该为自己的权威受到挑战而教育孩子,首先是要反省自己,之后应该尊重他们的意见,让孩子有权决定他们自己可以决定的事情,如:今天穿什么样的衣服,穿衣服时是先穿上衣还是先穿裤子,写字时使用红色的笔还是蓝色的笔,等等。

父母对孩子选择什么样的教育方式和时机要根据具体情况而定。父母要想达到理想的教育效果,就要在反省自己的同时,在尊重孩子的基础上,抓住恰当的教育时机并选择适当的方式进行,做到以情感人,以理服人。

对于教育孩子,很多父母会进入批评教育的误区,不知道反省自己。

误区一:任凭自己的情绪,对孩子发火,不知道反省自己。

妈妈看到孩子在厨房玩碗筷时,如果自己心情不错,就会很随和地提醒孩子注意安全,但在她很忙的时候,她就大声朝孩子嚷嚷:“赶紧放下!知不知道这样很危险,会打碎的!”几乎所有的妈妈都会有对孩子发脾气的时候，这样也最容易伤害孩子幼小的心灵。一个好妈妈在面对孩子的时候，首先应该是心情舒畅的。如果是对孩子危险的事情，要严肃地、明确地告诉孩子。

误区二：不问原因、不分青红皂白地去教育孩子。

儿子爬上椅子去拿高处的剪刀，妈妈马上对儿子说："快给我下来，你在干什么？"然后，一边责备孩子，一边把他拉到门外，"砰"的一声关上了门。

妈妈应该为孩子准备一把他专用的安全剪刀，鼓励孩子学习使用安全剪刀的方法，只要孩子在摆弄剪刀的时候，妈妈在一边看着，孩子就不会有大危险。

误区三：不分时间、场合地教育孩子。

儿子和小伙伴一起在院子里玩耍，因为急于出来忘了穿外套，被追出来的妈妈一通责骂。这种不分时间、场合的批评，让孩子很不能接受，亲子关系也因此恶化。

误区四：贴标签、翻旧账式的批评。

儿子因为做错了一道题，爸爸就随口说孩子笨，还把孩子过去的所有错事重新数落一遍。这样会让孩子反感，觉得自己只要犯了错误，就永远无法摆脱，既然摆不脱，改又有何用。

误区五：威吓式的教育。

女儿把玩过的玩具随便一放，又去玩其他玩具了。妈妈假装要把这些乱放的玩具拿出去全扔了，对女儿说："你不整理我就全扔掉！"整理收拾自己的东西对大人来说也不是件简单的事情，对孩子来说更是一个很难养成的习惯，妈妈应该对孩子更加耐心一些。用"扔掉"之类的威胁其实并不能起多大的作用，孩子很快就会知道，妈妈只是说说而已。

误区六：边动手，边动口。

儿子非常调皮，爸爸养成了边动手、边动口的习惯，他总是一边打儿子，一边朝儿子嚷嚷。于是，不久之后儿子也学会了打人，在幼儿园里把小伙伴给打了……

误区七：喋喋不休式的批评。

儿子吵着要在睡觉前吃糖，妈妈生气了："都睡觉了，还吃糖，你这个孩子真难缠！把手里的糖给我放下！你到底听不听我的话……"儿子不明白妈妈究竟在说些什么,孩子不知道他错在什么地方。妈妈不如只说一句“睡觉前吃糖牙齿会疼的”,如果孩子经历过牙疼,那么他就不会坚持了。如果孩子不知道什么是牙疼,那就告诉他,牙齿会疼得咬不动东西,当然再也吃不了糖了。

父母在教育批评孩子时,应该反省自己,还要应注意掌握一些技巧,比如:

(1)低声。

父母应以低于平常说话的声音批评孩子,“低而有力”的声音,会引起孩子的注意,也容易使孩子注意倾听你说的话,这种低声的“冷处理”,往往比大声训斥的效果更好。

(2)沉默。

孩子一旦做错了事,总担心父母会责备他,如果正如他所想的,孩子反而会有一种“如释重负”的感觉,对待批评和自己所犯过错也就不以为然了;相反,如果父母保持沉默,孩子的心里反而会紧张,会感到“不自在”。进而父母要反省自己的错误。

(3)暗示。

孩子犯有过失,如果父母能先反省自己,心平气和地启发孩子,不直接批评他的过失,孩子会很快明白父母的用意,愿意接受父母的批评和教育,而且这样做也保护了孩子的自尊心。

(4)换个立场。

当孩子惹了麻烦遭到父母的责骂时,往往会把责任推到他人身上,以逃避父母的责骂。此时最有效的方法,是当孩子强辩是别人的过错、跟自己没关系时,就回敬他一句“如果你是那个人,你会怎么解释”,这就会使孩子思考:如果自己是别人,该说些什么?并发现自己也有过错,促使他反省自己把所有责任嫁祸他人的做法。

(5)适时适度。

幼儿的时间观念比较差,昨天发生的事,仿佛已经过了好些天了,加上孩子天性好玩,刚犯的错误转眼就忘了。因此,父母教育孩子先自省,趁热打铁,不能拖拉,否则就起不到应有的教育作用。

第八章

深语治家之道，精心经营自己的家庭

1.

妥善经营，让和谐家庭更长久

婚姻与家庭伴随人的一生，直接关系着一个和谐家庭一生的幸福指数，不幸的家庭与婚姻有很大的杀伤力，使人身心备受折磨。很多人可能已经经历过这种痛苦，无法回首的伤心往事至今还在隐隐作痛。幸福家庭的婚姻让人容光焕发，身心舒坦，那些沐浴在幸福家庭婚姻阳光下的人总是令人羡慕不已。事实证明，天底下没有廉价的幸福和快乐，为了美好的明天，夫妻双方都必须付出足够的努力，共同经营自己的家庭，创造和谐美满的婚姻。

正如开车得有驾照，要接受驾校的正规培训；做家庭婚姻分析也要通过一定的课程学习，取得国家认可的资质证书。但是，大家有没有想过，我们的婚姻虽然都有结婚证书，虽然都是“持证上岗”，又有谁认真地学习过婚姻知识呢？

正是由于这方面知识的匮乏，正是由于不懂得如何经营婚姻，相当一部分人已经成了婚姻的失败者。因此，在这里向大家介绍一些经营婚姻的技巧，尽管不是万能的，但它对你的婚姻、你的家庭和谐肯定是有帮助的。

和谐家庭婚姻经营之道：

(1)切莫喋喋不休。

女人喜欢喋喋不休，总认为自己是对的，以为说少了男人就听不进去，其实男人特别反感。家不是课堂，女人不要充当男人的小学教师，即使你说得对，男人也不想当那个低着头站在你面前的小男孩。唠叨在某种程度上是爱的表现，但是一旦过度了，对对方就是一种限制。对方为了得到心灵的自由，就会想挣脱婚姻的束缚。

有一妻子说，她为家庭一年赚 20 多万元，丈夫整天无所事事，她唠叨几句，丈夫就说和她过够了，想离开家，说即使她一个月赚两毛钱也愿意。她不明白丈夫怎么会这样不识好歹。其实人就是这样，谁也受不了喋喋不休，你为他赚的钱再多，也不能抵消对他精神上的折磨。这种女人整天想让男人爱她、忠于她，却不知道丈夫需要的是一个温柔的妻子，而不是一个爱唠叨的老妈子。如果这个妻子不从自身的习惯改起，他们就会永远处于婚姻战争中，这样的婚姻能幸福吗？

(2)别尝试改变对方。

江山易改，本性难移。有的人总是恨铁不成钢，但钢就是钢，铁就是铁，各有所长，非得去改吗？生就的骨头长就的肉，你改变不了谁，反而会让自己很累。

著名作家杨绛(钱钟书之妻)在她的书《我们仨》里写道："我爱整洁，阿瑗常和爸爸结成一帮，暗暗反对妈妈的整洁。例如我搭毛巾，边对边，角对角，齐齐整整。他们两个认为费事，随便一搭更方便。不过我们都很妥协，他们把毛巾随手一搭，我就重新搭整齐，这我不严格要求，他们也不公然反抗。"你看，这个学者之家就是这样巧妙地处理家庭矛盾，结果就没有什么冲突，让我们感觉温馨和谐。

其实，当你在一个环境中想要达到自己的目的时，你可以用一些方法，让事情朝着你期望的方向去发展，就像咖啡和鸡蛋遇到水。鸡蛋遇到水，随着水温的上升，其外观不变，但里面已经由液体变成了固体，而咖啡，当你把它放入水中，它好像不见了，其实热热的水已经被它变成了味道香浓的饮品。在婚姻家庭中，如果先把自己融入，再去影响他人，你就会看到你的另一半正在朝着你期待的那一方面发展。

(3)不要盲目地批评。

家是一个讲爱的地方，不是讲理的地方。香港女作家亦舒说过一句很经典的话："人们日常所犯最大的错误，是对陌生人太客气，而对亲密的人太苛刻,把这个坏习惯改过来,天下太平。”不知大家有没有留意一个现象,就是听到身边的人打电话语气生硬且不礼貌时,那他/她准是打给家人的,尤其是打给妻子或丈夫的,而给外人打电话时我们总是像个外交官一样讲究礼仪。

生活中当对方确实犯了错误时,有时批评是不起作用的,反而会助长对方的逆反心理,更何况你不分青红皂白地乱批一通呢?因此,不论说什么都要经过大脑理智把关。如果你受到对方错误的伤害,则要这样安慰自己:这不是我的错,我不想用别人的错误来惩罚自己。让时间做出判断,总有一天对方会知道是他错了,我只需要耐心等待。

富兰克林说过,婚前睁大你的双眼,婚后睁一只眼闭一只眼。但是现实生活中许多人都说:“我当初真是瞎了眼,怎么找了你。”你看,既然自己承认是闭着双眼找的,那么婚后又何必把眼睁得那么大呢?婚后一方面不要抓住对方的错误,一味地批评纠错;另一方面要适当地降低期望值。假如婚前男方承诺要给你买大房子,但婚后买了个小房子,你也要理解,知足常乐。

《天仙配》里说“寒窑虽破能避风雨”,仙女都可以住,何况我们凡人?关键在于心态,“夫妻恩爱苦也甜”。两个人相处,处在你们俩能达到的最好状态就可以了。

(4)给予由衷的赞美。

有一个妻子把朋友请到家里来玩,丈夫想好好表现一下,就忙活着做了好几个菜。吃饭时,妻子却说这个不好,那个不行,丈夫看上去很扫兴,大家不欢而散。后来妻子的朋友告诉她,要多夸夸自己的丈夫。从此,丈夫只要有闪光点她就夸,两个人的关系越来越好。

有一对外国夫妇去听佛法讲座,听着听着,妻子开始小声哭泣,这个情况让禅师发现了,她对丈夫说:“你的花儿需要浇灌了。”丈夫明白禅师的意思是妻子需要他充足的爱,后来他努力地去做并起到了明显的作用。孩子们也发现母亲与平日大不一样了,看上去容光焕发。这说明什么?说明以前丈夫不懂得去关爱和赞美妻子,不懂得浇灌她心田里的种子,所以他的花儿开得不娇艳。一旦他用心去浇灌并悉心呵护,妻子就会比以往任何时候都更美丽。这就叫作给别人一个美名。当你想从一个方面改变一个人时,不妨把他想象成已经具备这种优点的人。好孩子是夸出来的,好妻子是夸出来的,好丈夫也是夸出来的。

(5)在细微之处体贴关心对方。

怎样才能做到对方的心里去,让他感觉到你关心他呢?曾经有人这样说:“丈夫最想报答的就是自己的母亲。”如果你为他做一件事,不如为他的母亲做一件事,如果你为丈夫买一件1000元的衣服,不如给他妈妈买一件100元的衣服让他高兴。我们为何不试试呢?做到关心和体贴对方并不难,难的是要知道对方需要什么,给他东西要像雪中送炭。如果是对方不需要的,那就是无效供给,即便给了,对方也不会珍惜。

扬州八怪之一的郑板桥说过,“一枝一叶总关情”“于细微处见精神”,关心他,就从细微处做起吧。

俗话说“一个巴掌拍不响”,家庭中的婚姻出现问题夫妻双方应该“各打五十大板”。这个时候不要过于谴责对方,也不要沉溺于悲伤之中,要反思自己哪里做得不够好,也要相信幸福就在不远处等你。普希金有首著名的诗叫《假如生活欺骗了你》,诗中说:“假如生活欺骗了你,不要悲伤,也不要气愤。在愁苦的日子,要心平气和,心儿把希望寄托给未来……”英国诗人雪莱也说过:“冬天来了,春天还会远吗?”因此,不顺心的时候,暂且容忍,要相信,快乐的日子就会到来!

2. 平等是和谐家庭的灵魂

家庭是社会的细胞,只要每个家庭都和谐了,那么社会也就和谐了。

因此家庭和谐是社会和谐的基础。和谐家庭其本质是社会文明道德在家庭成员关系上的集中反映，所以说，家庭要和谐，那家庭成员之间必须得和睦相处，而这种和睦往往是在互相尊重、互相平等的基础之上，方才能够实现。

平等和谐的家庭关系是一个家庭兴旺发达的基础，而平等则是一个家庭和谐的灵魂。

常言说得好，"和气生财""家和万事兴""和气家庭财源广"，都说明了家庭和谐的重要性。要构建一个和谐的家庭，就必须在平等的基础上注重以下几方面的建设：

(1)要营造良好的家庭理念。

一个和谐的家庭一定要有一个良好的家庭理念。为此，必须尊重妇女，男女平等。在思想和行为上摒弃男尊女卑、重男轻女的封建思想道德观念，倡导个人的平等观念、独立发展、权力意识以及在个人独立基础上的天伦之乐。同时，要互相关心，相互包容。建立学习型家庭，鼓励家庭成员学习科学文化知识、法律知识，提高家庭成员的文化素养。建立平等、民主家风，婆媳、翁婿、姑嫂、妯娌等之间互相尊重，互相宽容，互相帮助。让平等理念在家庭和谐理念中落地生根，不论是平辈之间，还是长幼之间，要奉行尊卑有序，平等为先。

(2)要处理好家庭成员间的关系。

要建立和谐家庭，一方面必须处理好父母与子女之间的关系。父母在教育子女时，要注意在平等的基础上多"互动"，让子女乐于接受父母的教育与教诲。为此，作为父母，必须切实加强自身的思想、道德、心理等诸方面的修养，努力提高自身素质，有道是正人先正己。多与子女进行思想交流，勤于沟通，及时了解子女思想动态，多进行"换位"思考，做到相互理解，求同存异。还要循循善诱，因势利导，使子女朝着社会和家长所期望的正确方向前进。若与子女暂时未达成共识，需耐心等待，以待合适时机，适时教育。另一方面，必须尊敬长辈，赡养老人。尽力满足老人的物质需要和精神生活的需求，使老人安享晚年。保护好老人在家庭中的合法权益，坚决反对嫌弃老人、虐待老人的行为。同时，合理处理工作和生活，多回家陪伴老人，常和老人吃饭和聊天，避免让老人产生孤独感。

(3)要夫妻同心，齐力持家。

一个家庭兴衰，离不开夫妻双方的共同努力。在生活上要相互照顾和支持，相互尊重，相互理解，相互信任。同时，创建一个温馨浪漫的家庭环境，对一个家庭来说也是非常重要的，一个良好而舒适的环境能带来轻松和愉快的心情，有利于家庭的和谐。因此，我们要定期清洁和美化家庭环境。适时制造一点小浪漫，更能使家庭和谐，更温暖，从而也更利于家庭的兴旺发达。

黄群夫妻俩，是一对善良的夫妻。夫妻两人共同承包了50亩红枣地。到目前红枣长势很好。2013年红枣产量13吨，产值20多万元，达到了小康家庭的基本要求。他们夫妻两人已包地8年，他们之间有着共同的语言，有着共同的爱好，两人齐心协力，把小家庭经营得和谐美满。和谐的家庭是和谐社会的重要组成部分，夫妻和谐是家庭和谐的坚实基础。他们在生活上相互照顾和支持、相互尊重、相互理解、相互信任，当在田间管理意见不统一的时候，总是能够及时调整心态，去沟通、交流，理智地去解决工作中、生活上的各种问题。他们共同分担家务，小日子过得井井有条，其乐融融。

他们热爱自己的事业，一道起早贪黑精心地管理夫妻两人所承包的红枣地。把枣树当成自己的孩子抚养和管理。由于开发区刚开发，防风林条件不好，导致树苗连年多次被风沙打死，夫妻两人经常掉泪。但他们仍然怀着赤诚的心，脚踏实地地去干，全力服从团场及连队领导的安排，并帮助其他职工和邻里讲解团场的优惠政策及今后的致富方向。他们共同战胜了多种困难，让生活有了好的着落。

他们有一个13岁的女儿和一个1岁的儿子，女儿自幼喜欢学习、唱歌，为了让孩子养成良好的生活学习习惯，家庭教育方法保持一致，不溺爱，也不偏袒、放任，关注孩子的兴趣培养。成长是船,和谐是帆,良好的道德素养和家庭氛围促进了孩子的成长,高雅的情趣提高了家庭成员做人的品位。

夫妻同心,家和万事兴。夫妻关系和谐是建立和谐家庭的重中之重。在日常生活中,夫妻之间难免会发生这样那样的分歧、摩擦和矛盾。这并不可怕,只要本着平等、尊重、包容的心态,最终是可以很快化解的。

(4)要统筹规划,科学理财。

常言贫贱夫妻百事哀。所以说,勤俭持家,让家庭富裕起来,也是家庭和谐不可忽视的一方面。这就要求我们,在日常的生活中,要学会统筹规划,合理安排,量入为出,适度消费。珍惜劳动创造的物质文明成果,学会理财,树立正确而积极的消费理念,提高家庭生活水准,使生活更加富庶美好。

总之,构建和谐家庭是每个家庭成员的事,要使家庭和谐美满,就必须在平等的基础之上,相互尊重,相互理解,成员间要勤于沟通,群策群力,共同奋斗。与此同时,各成员要严于律己、宽以待人、相互关爱,讲责任、讲义务,培养良好的家风,从而形成一个温馨、快乐、和谐的幸福家庭,夫妻敬业爱岗,事业有成,老人安享晚年快乐生活、孩子认真学习健康成长。

3. 经济大权不可一人独揽

在一个家庭里,夫妻二人对待金钱的态度在婚姻中起着重要的作用,对夫妻间的关系影响很大。曾有人做过调查得出结论:如果夫妻对于金钱支配享有同等决定权，他们的婚姻往往会比较和谐。换句话说，金钱的分配有可能成为影响婚姻成败的大问题。

都说“男人有钱就变坏”的俗语到现在仍被许多妻子奉为至理名言，严管丈夫的钱袋成了她们对待丈夫的一条铁律。所以，我们生活中见过这样的事例：丈夫每个月的薪水必须按时按量地交到妻子手上，妻子只是给丈夫留了点可怜的零花钱。可是这种做法真的有效吗？

上有政策，下有对策，私房钱就在这种环境下应运而生。可见，妻子的管并不是真正的好办法。而且，夫妻两人因为这些事钩心斗角，相互算计，相互提防，婚姻生活还有什么乐趣可言？更有甚者，不少夫妻会因为经济纠缠而使婚姻生活无法正常维系。所以，不要因为钱影响了你们的生活，不要让钱变成炸药包，导致家庭生活不和谐，经济大权不可一人独揽。

在生活中，丈夫除了家庭，还有自己的事业、人际关系、兴趣爱好，会有各种各样的应酬和开销，如果他在这个时候囊中羞涩，不仅很多事情干不成，面子上也不好看。所以，妻子对丈夫的经济，不能限制得太严格，这也是对丈夫的一种体贴。

小云说，最初，我不希望丈夫身上有太多钱，家里的东西都是由我来采购，根本用不着他来操心，有时就连他公务往来上要用的物品都由我来代劳。既然是这样，让他身上装那么多钱干什么？

丈夫很老实，工资由我来保管，奖金等额外收入他都交给我。每月我给他400元的零花钱，他有私人应酬什么的，都是他提预算后，我给钱。每次他都把剩下的钱给我，每月按时给他父母寄钱，也都是我包办，家里可以说经济大权由我一人包揽了。

我知道丈夫是个孝子，他家里需要钱，我从来没有提过反对意见，他的日常开销零花钱也是够的。几年下来，丈夫对我挺满意，我也自认为自己做得不错。

可是近几天，丈夫回家总是注意力不集中，若有所思的样子。我猜到丈夫可能有心思，问了他几次，可是他总是欲言又止。

丈夫的郁闷使我的情绪也受到了影响，我猜测丈夫是故意对我冷淡。一天晚饭后，我们因为一点鸡毛蒜皮的事发生了口角。有些生气的丈夫冒出了一句抱怨的话来：“防我像防贼似的，把钱看得那么紧……”

我觉得很诧异，这么多年还是第一次听他抱怨钱的事，我开始追问他为什么。

丈夫这才吞吞吐吐地说：“公司里的人最近流行聚餐，午饭或者晚饭都要聚在一起。在餐桌上聊聊天，联络一下感情，就连他们的老总也经常去。这个成了公司一大谈资。只有我，去了几次后，就借故推辞掉了。次数多了，感觉人际关系受损，面子也不好看。”

丈夫的讲述结束了，可我听懂了，他在抱怨身上没钱，抱怨我独揽家里经济大权。

这天晚上，我认真地思索了自己以前在经济上对丈夫的态度。说实话，我是不想让他身上装太多钱，所以把经济大权独揽过来了，因为“男人有钱就变坏”这句话一直在警示着我，而且我们还有自己的存钱计划。可是再一考虑，出门身上装点钱是需要的，假如丈夫对我这样呢？这钱能不能用到不重要，关键是要感觉需要花钱的时候身上有钱花。以前我总以为给丈夫零花钱足够他生活就好，没有考虑到这一点，让他这么多天都心神不宁的，还为此跟他吵了架，确实是对丈夫不够体贴。

第二天，我笑着问丈夫，如果我每个月多给你钱当作应急资金，你会不会拿它做什么坏事啊，丈夫顿时眉开眼笑：“看到这些钱就能想到你给我的体贴，我怎么会对不起你呢？”

在以后的日子里，丈夫再也没有因为经济上的问题发过愁，我们的感情也重新变得风和日丽了。

妻子小云放松了对丈夫的经济管制,解决了两个人经济上的矛盾,使得夫妻感情重归于好,从此家庭和谐。

在一个和谐家庭中,妻子应该怎么对待经济大权,放松丈夫的钱包呢?

(1)统一双方对金钱的态度。

夫妻对于金钱的态度不同,将导致两人消费观念不同,有可能形成双方一人勤俭节约,一人铺张浪费的现象。这时如果不及时沟通,相互协调,矛盾必定会发生,甚至严重到影响婚姻的程度,所以对金钱观念的协调势在必行。

(2)提前制订经济计划。

夫妻可以在每个月的初期对于本月的开支设定一个计划,留下足够资金当作本月的开销,剩下做未来的储蓄。由于计划是由夫妻双方共同制订的,两人对计划的实施都是持支持的态度,这样以避免日后因为经济问题再产生争执。

(3)对丈夫的经济不要限制太死。

很多丈夫都会对婚后失去经济自由而抱怨,他们经历了从当初一人吃饱全家不饿的经济上完全独立,变成了婚后要靠妻子发给生活费的变化,心理上当然会有落差。可能会有抱怨,或是开始藏私房钱。妻子面对这种状况,要理解丈夫的心情,对他不妨多体贴一点。偶尔装装糊涂,睁一只眼闭一只眼,多给丈夫一点自由,这样的家庭肯定会拥有更多的幸福和快乐。

一个和谐家庭中的妻子不妨大度一些,对丈夫的经济不要限制太死,经济大权不要一个人独揽过来,这既是给丈夫自由,也是对他的尊重。他也会在内心感激你的体贴。妻子的大度,更容易使夫妻双方得到快乐和幸福,也使家庭和谐。

4.

工作时间少想家事，回到家中少忙工作

如今在当今都市人的生活中，以工作为主体的“工作文化”相对以家庭为主体的“家庭文化”已经处于强势地位，很多人在追求事业成功的同时，舍弃了与家人共处的时间和机会。然而，当我们认识到“工作是为了更好地生活，而生活绝不是为了工作”时，我们才会更加注重生活的质量和品位，不折腾自己的幸福生活了，所以说，工作时间少想家事，回到家中少忙工作，把握好工作和生活的平衡真的很重要。

一个和谐家庭中要将生活和工作并重，那么就需要在生活和工作中寻求平衡点。只有我们找到工作和生活这块跷跷板的平衡点，才能够让它像天平一样始终保持平衡，让工作和生活两不误。

很多时候，因为现实的种种情况，我们很难做到工作时间少想家事，回到家中少忙工作的“砝码”，而此时如果我们想让它们保持平衡，就需要调整支点的位置。比如我们近期工作任务紧张，那么我们就要将这个平衡点向工作一端移动；反之，如果我们需要此时在家庭、子女或是亲属上投入更大精力，平衡点就要相应向生活一方偏移。只有这样我们才能够始终保持这座“跷跷板”的平衡，毕竟我们无法左右生命中突如其来的变故。当然，移动这个“支点”还是需要一些小技巧的，这样才能够让我们不至于打乱正常的生活和工作秩序，让我们在应对突发情况时处变不惊。

小李在一家公司做主管，被公认为是能力超群的人，同时她还是一个四岁孩子的妈妈，在家更是贤妻良母。由于她在业务上无人能及的能力，她的老板决定将她提拔到更高的岗位上。在得知老板希望自己升任国际分公司的总监时，她却惊人地选择了婉拒，这让老板十分困惑。

实际上，这是小李与丈夫在深思熟虑后一起做出的决定。她说：“不论是提高工资，还是职位升迁，都不能和生活的平衡相提并论。为了家庭生活得到保障，我用了很长时间才构建了现在的平衡：工作时间少想家事，回到家中少忙工作。而且每周末我会去参加手工陶艺坊，这个也适合孩子，今年下半年我们要做个展览。我可不愿工作在我的生活中增添更加紧张的节奏。”

其实，小李工作一直很出色，每两三年她都成功地往上升一级。然而这并没有让她收获到想要的人生幸福，反而让她在生活中成了一个人见人怕的“铁娘子”，险些耽误了终身大事。“把灵魂卖给工作，换来工资单底部更大的总数”这种新型的浮士德契约在小李看来显然是个骗局。对于这个拥有和谐家庭的人来说，生活与工作同等重要，更不会把工作带回家，回到家里忙工作。

小李正是找到了工作和生活中的平衡，既在事业上有所建树，又收获了幸福美满的家庭和谐，真正掌握了构建和谐家庭打开幸福之门的“钥匙”。

其实我们每一个和谐家庭都应当学会将工作和生活放在同等重要的位置上，因为只有这样才能“鱼与熊掌兼得”。一个家庭如不懂得将工作和生活摆在同等重要的位置上只会让生活失衡，让每个家庭感受到身体的疲累和心灵的紧张。即便是在成功就是衡量个人地位和能力的标准的今天，失衡的人生也越来越受到质疑，成功到底应当在哪里定位？人生的目的、工作的意义、生活的乐趣到底在哪里？是不是事业或生活单方面的成功可以让我们轻易地忽略或是掩盖我们为之所付出的巨大代价？当我们踩着失衡的梯子登上成功的峰顶，即使再美再辉煌，也没有意义。因为在失衡的基础上搭建的成功再美丽，也掩饰不住背后的忧伤和空虚。所以，要达到一种真正的平衡，就必须在心中将工作与生活放在同等重要的位置上，在工作时间少想家事，回到家中少忙工作，才能带来家庭的和谐与幸福。

要想做一个事业与家庭双赢的人，可以从以下几方面做起：

(1)经营和谐家庭中的爱之港湾，并辛勤耕耘着。

一个和谐家庭是一个温馨的港湾，是生存和事业走向成功和辉煌的基础。幸福的家庭能够更好地成就一个人的事业，有成功的事业做基础也容易组建一个较为理想的家庭。正确处理好事业、家庭的关系是一门技巧，只有真正掌握这种技巧，才算真正明白了生活的意义，才能构建和谐家庭。

(2)平衡家庭与事业，是构建和谐家庭的基础。

事业和家庭是一个天平的两端，一对有能力、有智慧的夫妻，是能够在家庭和事业间找到平衡点的，工作时间少想家事，回到家中少忙工作，因为这也是每一位成功夫妻一种能力的体现，许多中外夫妻的成功实践已经充分证明了平衡是可以实现的，"鱼与熊掌"也是可以兼得的，夫妻在工作上可以投入、拼杀，但绝不把工作状态带回家，当然，回到家里也不忙工作。

(3)一个和谐家庭中的成员要扮演不同角色，还要注重沟通。

通过沟通获取理解和支持，善于从对方角度考虑问题，是建立和谐家庭关系的基础。这需要讲究点艺术，讲究点家庭生活质量意识，多商量、多沟通，与家人相处的时间多少并不会影响我们的家庭。夫妻双方若想取得家庭与事业的平衡，两方面都不耽误，就必须得到另一半的理解和支持，在沟通的方法和时机方面，要注意技巧，获取对方理解和支持，统筹安排，把家庭的事情和两个人的工作规划协调好。多帮对方承担一些。这样才能在自己工作忙的时候，得到对方更多的支持，只有双方共同努力，才可能平衡好家庭与事业，才能构建成一个完美和谐的家庭。

5.

勤俭持家，要学会精打细算

一个和谐家庭的夫妻，就是要勤俭持家，在家庭财产方面的精打细算，就是家庭理财。学会理财、善于理财，做好家庭财务规划，有效地打理家庭财产。那么如何在家庭的经济生活中精打细算、理性规划、理性消费呢？

(1)精打细算从记账开始。

每天抽出时间记录当天各种花销。一个月下来，你去看账单时，会吓一跳——1800 元的衣服、400 元的鞋、600 元的伙食费、300 元的化妆品……。日常花费累积下来居然这么多！其实有很多都是可以节省的。所以，花钱一定要精打细算，时刻提醒自己，才能节约日常开支。

如今的网络科技十分发达，免费下载一些简单好用的记账软件，是一个不错的方法。每个月预留出一笔固定资金存下，剩下的钱按照事情的轻重缓急来细细划分，比如餐费、车费、房贷、日用品费等。你把这些钱重新做个较合理的分配，渐渐就会学会该如何花钱，而且不影响生活品质了。

(2)精打细算要学会攒钱。

若想攒好钱，一定要养成好的消费习惯，量入为出，这才能防止冲动消费。长期过度的冲动消费会使你在将来的某一天发现自己已无财可理。

所以，一个和谐家庭中的夫妻一定要合理规划，精打细算地去攒钱。攒钱的方法其实有很多，其中最简单的一种是给你的工资卡办理基金定投或保险定额定投。那么每个月你的工资中的定额资金就会按时被扣除一定的费用，这样既能省事地攒起了钱，同时又起到持续保障的作用。第二种方法是每月自己提取工资的一部分做零存整取，终有一天你会发现，有一笔存款放在那里，在你真正急需用钱时，它就会成为那雪中送的炭。

(3)精打细算的重点是让钱生钱。

光会攒钱是远远不够的，这算不上是精打细算，更不能叫作理财。精打细算的重点是“学会投资，让钱生钱”。所以，在决定投资之前，最好是先通过一些测试来了解一下自己的风险承受能力，比如测试一下你是属于哪种理财性格。理财性格包括保守型、平衡型和激进型。然后，根据你的理财性格类型选取可以承受的产品进行投资组合。你要根据个性谨慎投资，就不至于在投资有亏损时严重影响情绪。

保守型理财性格可选取定期存款、货币基金、国债、实物黄金、普通银行等理财产品，依据个人实际情况选择组合来投资。平衡型理财性格可以选择高、低风险产品各一半的配置进行投资，从而做到将风险降到最低，而收益能尽量最大化。激进型理财性格则可选择股票基金比例偏重而其他产品偏轻的投资计划，承担高风险，同时争取高收益。

无论采用哪种理财方式，最重要的一个步骤是收集理财信息，了解各种投资产品特点及其风险，然后根据自己能够承担的风险程度，配合家庭的资金需求做出合理的投资规划。

(4)精打细算不要贪心，用心做好一件投资。

有人说，股票基金是最好的长期投资工具。如果你不愿意做股票，你可以去买基金；如果你不愿买基金，你可以买保险，甚至做书画投资或古董投资。只要用心做好一件投资就能给你的生活带来很好的收益。

一个人的收入有两个来源：一是工作收入；二是理财收益。正所谓“君子爱财，取之有道。”君子爱财，更应治之有道。所谓“取”是指赚钱，而“治”则是理财。不论一个人多么善于赚钱，只要他不善于理财，赚来再多的钱都可能挥霍一空。因此，我们一定要学会如何理财，如何精打细算。

小罗是一名娇生惯养的女孩，婚前花钱是大手大脚的。她结婚后，老公把账交给她来管理。她一开始并没在意，依然像单身时那样花钱。但是没多久就发现，照她这个习惯下去，很快就入不敷出了。

于是，她痛下决心，是时候完成这个由女孩到人妻的转变了！

她开始像一个家庭主妇那样，买了两个账本，每日记录收支明细。老公一看她那记账的认真劲儿，不由得感到很好笑，还语带调侃地说："呵呵，小样，你还理起财来了，我看你能弄出什么名堂。"

小罗无语地望了一眼老公，心想："唉，不当家不知柴米贵啊。你不理财不知这个中滋味呢。"

老公突然发现小罗抠门了起来，以前两人还时不时地下次馆子，吃个西餐，这小罗一当家，这一系列饮食活动大半都被取消了。

老公不由有点怨气，说："小罗你不至于吧，怎么真的成了管家婆了，你剥夺了我们的幸福生活。"

于是小罗又苦口婆心地跟老公做思想工作，说什么要合理消费、实用消费，既然你把这个理财大权交到我手上，我就得把它做好，而理财很重要一点就是要精打细算。精打细算其实是一种生活态度！

老公终于在小罗的循循善诱下，接受了这个"精打细算"的生活事实。但小罗也开始想了，关于饮食方面嘛，她一定得想个办法，精打细算也不等于节衣缩食啊，生活质量还是得有保障。

于是，聪明的小罗开始变成了勤劳的小罗。她开始一日三餐，认真研究菜谱，两个月下来，厨艺大有精进，连老公也不禁夸赞她的厨艺是蒸蒸日上了，也渐渐地不再吵着要下馆子了。

小罗给老公查看这两个月的账本。老公不看不知道，一看吓一跳，这两个月开支居然比之前的一个月降下来10%。

老公不由佩服得五体投地，心想：我这老婆还真的有一手，不但年轻漂亮，还慧质兰心，贤惠又精明，真是一个会持家的人啊。

在一个和谐家庭中,精打细算是家庭中的一种观念,夫妻理财要有正确的理财观。精打细算的理财一定要做到以下几点:

(1)要坚持。

理财是几十年甚至一生的大事,所以一定不能3分钟热情。坚持不懈、持之以恒、积少成多,久而久之你必能体会到理财的乐趣与成效。

(2)理性协商。

最好少刷信用卡,而多用现金。一定要管好银行卡,每日记账,小款项支付要理性,大款项支出最好全家协商通过。

(3)更新思想、与时俱进。

很多女性在选择投资工具时仍然会保守性地选择储蓄和保险,因为这些女性十分注重安全感,然而,这并不是绝对安全,因为通货膨胀随时把你的利息吃掉。所以,在理财方面,女性可以摒除传统的保守风格,更加积极而合理地规划投资。

6. 学会理财,财富不请自来

其实,一个和谐的家庭,在尚未走进婚姻殿堂的时候,就已经知道利用自己的才智进行个人理财了。因为他们知道,未来的生活是不可预测的,而命运从来只掌握在有准备的人手中,不会理财就不会生活,学会理财,财富不请自来。

如果你生在豪门,家私万贯,你自然可以不用理财,因为有大把的人帮你理;如果你一穷二白,经常是吃了上顿没下顿,口袋里也从来没有超过三个月的口粮，你自然也不用理，因为你没有本钱。如果你介于两者之间，那你就有必要学习理财了。

多数人上班忙忙碌碌，下班后还要应付家里的柴米油盐，照顾老人小孩子。做完这些事情后已经体力透支，还不得不抓紧有限的时间充电，应对日益复杂的竞争，自然而然地就把投资理财放在了一边。而一些年轻人，更是对理财毫无概念。

燕就是一个没有一点理财头脑的人，对理财也是一点兴趣都没有，更要命的是，她觉得自己没有理财的必要，在她的心里，她直接把理财与限制自己花钱画上了等号。而这种限制是她不能忍受也不能接受的。

然而，工作三年后的一天，燕猛然发现自己的积蓄竟然只是目前两个月的工资。这令她大吃一惊，也傻了眼：钱都去哪儿了？

这是不少人都不愿承受却又无奈的事实，是啊，我们的钱呢？是丢了，还是它自己长了翅膀飞走了？都不是，其实答案很简单，这就是不注意理财的后果。

事实上，很多人总是胡乱地花钱，买一堆自己根本用不着的东西。甚至还有一部分人以"月光族"自居。

其实，一个和谐家庭中的夫妻，他们从不轻易被那些花花绿绿的衣服或者是名贵的手表等所诱惑，通常会从每个月的收入中拿出百分之几的钱，存入一个平时只存不取的户头。不知不觉之间，这笔存款已有不小数目，足可以使他们在意外的事情发生后迅速恢复正常生活。

一个和谐家庭中的夫妻更加注意家庭理财。特别是作为妻子，如果她的丈夫会赚钱但不会节省，她就可以帮助他管紧钱包；如果他本来就节省，她就认同他。并为他增加信心。有一些妻子则光幻想自己的丈夫每月都能够带回大笔收入，这种幻想只是徒劳地毁灭青春、浪费大好时光。妻子只有将自己变成理财高手，好好利用他赚回来的钱，才能激励丈夫更加勤奋地工作，以赚取更多的家用。根据家庭的特殊需要，认真做好家庭预算，是每个和谐家庭中在生活中不可缺少的。

可先把一年里的固定开销如房屋贷款、食物预算、利息、水电费、教育费、交通费、交际费等列出来。然后记录每个月的家庭开支，记录每一件开销，使自己对于支出情形有个清楚的了解。虽然不能买下每一件东西，但是可以决定什么东西对家庭最重要，以便删减那些不重要的开支，填补需要的大花费，如孩子的教育费用、老年保险金以及梦想中的假期等等。

存钱时既可断断续续地隔几周存几百块钱，也可以每周都固定地存下几百块钱。渐渐地，你会发现这笔只存不取的钱越来越多，足够让家庭应付意外，或是重新投资某个产业。这时，你就会有一种由衷的成就感。一个和谐家庭中的夫妻会理财，会理财的夫妻会生活，学会理财，财富不请自来。

7. 管好自己的钱包

在一个和谐家庭中，如何有效地管制好家庭的“钱袋”，对于任何夫妻来说都是一门大学问。逢年过节，百货公司的各种活动铺天盖地，各家商户无不推出各种计划，想尽办法吸引女性消费者，除了利用无息分期付款来吸引年轻族群之外，更推出各种折扣方案、送礼抽奖活动等，让众多家庭一买为快，掏空了钱包。

每个家庭的夫妻心里都很清楚，存钱困难，花钱容易，只要稍不留意，你的钱就像长了翅膀一样，消逝得无影无踪，甚至你事后都不知道这一大笔钱是怎么开销的。

冲动性的购物，很容易让一个和谐家庭中的夫妻陷入不自觉的消费扩张。甚至不惜超前预支消费，使家庭的财务出现窘境。

赚钱很辛苦，买些东西慰劳自己也是理所当然的。但是，如果不懂得节制，看到中意的东西，毫不迟疑地就买、买、买……最后的结果，可能就是把辛苦赚来的薪水花在淘汰率极高的流行商品上了。

一个和谐家庭的夫妻，特别是妻子，除了喜欢逛街以外，还喜欢网上购物。联上网络，在键盘上轻松敲上关键词，只要喜欢又能负担得起，就可以买到全球限量的物品，或是某些女性所爱不释手的衣饰，成交速度之快、手续之简便，简直是轻而易举。

其实，网络不止提供你花钱的管道，更大的功能还在于帮助你“存钱投资”。通过网络，你可以用定期定额投资的方式，自动从你所设定的账户中扣款，投资于一些证券投资基金。养成长期投资的习惯。

只要具有基金网络交易的功能，就可以自行选择每月当中任何一天作为投资的日子。工资一发下来，就将部分金额转入基金投资，这样可以养成长期投资的习惯，不会因为有钱就乱花而成为“月光族”了。

如此一来，年轻的夫妻们就不必担心因为忙碌而忘记投资，耽误了理财大计，也能因此一步步成为聪明的理财专家。

一个和谐家庭中，妥善而又有效地使用金钱，这实在是一个家庭夫妻都应该关注的，并且确实能够做到的。有计划的消费，不但可以因此而得到满足感，更可以使得自己因为持之以恒地储蓄而获得成就感，逐渐摆脱“月光族”的命运。

8.

平淡的婚姻值得珍惜

有句话说得好,平平淡淡才是真,平淡的生活往往又令一个和谐家庭中浪漫的夫妻觉得有些“乏味”,比如一日三餐,比如孩子老人。一个和谐家庭中的婚姻需要两个人用心经营,用心呵护,才能带来家庭的幸福。更为重要的是,置身于婚姻当中的夫妻,一定要学会用感恩的眼光来看待一切,要学会享受平淡的生活、平实的幸福,并在平淡与平实中添加一些温馨的色彩。和谐家庭中的婚姻不是索取,也不是纯粹的奉献,夫妻双方要学会在婚姻中共同成长。

一个和谐家庭中,平淡的婚姻犹如一捧细沙,需要夫妻共同小心地珍惜与呵护。抓得过牢或过松,都会从你指缝间溜走。

在一个和谐家庭里,平淡的婚姻中,夫妻如同乘一列火车观光的朋友,在旅途上,彼此相互照料、相互体恤,在旅途中经受着各种各样严峻的考验。

夫妻间的生活犹如两盘石磨之间的磨合,是需要互相适应的。两人一起经历风雨,穿越荆棘,走出沼泽,最终踏上的路是一马平川。无论是最失意还是最成功时,都会发现:彼此才是最大的牵挂。

当你晚年站在家庭与婚姻这座围城之巅,你会自豪地发现一个不变的真理:原来,在家庭中,平平淡淡的婚姻才是真,平淡的婚姻是真实的、清晰的、令人感动的。

一个家庭里,婚姻不单单是两人世界,婚姻讲求实际,就是实实在在地过日子,每天开门七件事:油盐柴米买菜难,水电住房生活费。在婚姻里,责任和理智是非常重要的,走过初始的“两人世界”,新婚的柔情蜜意渐趋淡化,“小天使”的即将降临人间,尤让人感到肩上的分量。

一个和谐家庭里,平淡的婚姻是值得珍惜的,它是对现实婚姻和人的情感规律的一种透彻的认识和省悟,是一种难得的豁达和乐天知命。和最爱的人相伴终生,是非常浪漫的一件事情。

(1)彼此珍惜相遇相知的缘分。

两个人之间共同的方面越多,两个人的关系越稳定,相同的信仰,类似的观念背景,共同的爱好、生活方式,对两个人的和谐融洽的关系至关重要。两个人从陌生到相识,再到相知,是一个不断磨合不断相处的过程,俗话说“有缘千里来相会”,所以夫妻之间的缘分更值得珍惜。

(2)彼此珍惜深挚的情意。

以友情为基础的爱情是婚姻如意的保证,尊重彼此,为对方排忧解难,配偶充当恋人与朋友的双重角色,会使婚姻更加牢不可破。建立在友情和爱情共同基础上的婚姻最重要的特征是夫妻双方心甘情愿地付出。由于夫妻间一同生活时间很长,如果能做到深知彼此特点,深刻了解对方,就会自然地进入很亲密的状态,这也是恋人关系发展到夫妻关系的基础。完美的婚姻关系中,彼此忠诚和信任的夫妻往往情深意笃,双方都言行一致地履行婚姻誓言。

(3)彼此珍惜对方的优点和对自己的好。

当生活中出现纷争的时候,能够友善地倾听和尊重对方之言,并能知错即改;如果不能说服对方,就各自保留意见,尊重对方。让相处不受任何纷争的冲击。感情深挚的夫妇看重的都是对方身上的优点,而对对方身上无关紧要的不尽如人意之处,能够用宽容来包容。

(4)彼此珍惜来之不易的幸福婚姻。

幸福美满的夫妇把婚姻和事业置于同等重要的地位,为二者付出同样多的心血,不会为了事业影响家庭。当夫妻二人都在为了创造幸福生活而共同打拼时,要珍惜对方的劳动成果,珍惜对方的付出。

第九章

维护健康和平安，让家庭和谐永远、幸福绵长

1.

平平安安才是真

一个和谐家庭是以婚姻和血缘为基础，由世间关系最亲密、情感最深厚的人组成；古往今来，幸福平安是每个和谐家庭普遍的愿望，并不懈地为之奋斗。在我国的传统中，每年过春节，家家门上都张贴“出入平安”“四季平安”的平安联，以祈祷全家平安；过节要燃放鞭炮，其寓意是驱鬼避邪，以保佑家人平安。可以说人们对平安的祈盼和执着的追求，从来没有停止过。特别是在经济高速发展、社会全面进步的新时代里，和谐家庭中的生活幸福指数显著提高。俗话说：平平安安才是真。这句话很有道理，平平安安让家庭幸福绵长。

辽宁大连的李秀芝有一个幸福和谐的五口之家，婆婆、丈夫和一双儿女。她家和大多数家庭一样，只是一个平凡的家庭，没有什么轰轰烈烈的事迹，但是她们全家互敬互爱，积极进取、爱岗敬业、乐于助人，家庭和睦、温馨，深受邻里、单位的好评。

李秀芝和丈夫都是农村人，结婚后几十年如一日，夫妻在生活中相互照顾，在工作中相互理解，遇到困惑相互开导。婆婆86岁了，李秀芝把婆婆看作自己的母亲来孝敬。如逢年过节就做点好吃的食物给婆婆，婆婆过生日就给她送上礼物。同样地，老人也把这个媳妇当作亲女儿来关爱，经常留着好吃的东西放在家里给媳妇吃。端茶送药、打泡脚水等，虽然这些都是平凡的小事，不足以挂齿，但它就像催化剂一样，使李秀芝和婆婆之间的感情日益融洽，家庭和睦、快乐。丈夫是村里的党支部书记，李秀芝为了支持丈夫的工作，除了敬老院的工作以外，主动承担了做家务、种菜、养家禽、侍候婆婆的责任，家里家外操持得有条不紊。

李秀芝经常说："虽然现在的生活条件越来越好了，但是勤俭持家的传统不能丢，生活中点点滴滴要从每件小事做起。"家里面的每样东西能修复利用的，从来不轻易地丢弃，尽量使其再发挥作用。他们还在房前屋后都种植了树木、花草，为家庭创造了一个舒适、优美的生活环境。

小夫妻俩常说："只有每个人都奉献一点爱，家才会更温暖，只有每个家庭都幸福了，婚姻才会和谐，才会平安。"

一个和谐家庭是每个人幸福生活的港湾。为了家庭的平安，让我们每个人都为家奉献一份爱心和责任，一个平安的家庭必将成为支撑一个和谐婚姻稳定的基石。家庭是以婚姻血缘为基础的社会单位；平安是没有事故、没有危险、平稳安全；从词义上对家庭平安可以理解为，家庭没有事故、没有危险、平稳安全。

在现实生活中，影响家庭平安和谐的因素依然存在，有些家庭信奉封建迷信或邪教，使家庭生活偏离正常的轨道；家庭暴力时有发生，受害者多为妇女儿童，使他们的身心受到严重伤害；伦理道德失范，婚外情导致家庭离婚率上升，使婚姻家庭基础出现危机；家庭子女教育存在缺陷，青少年犯罪问题突出；黄赌毒等社会丑恶现象，成为破坏家庭的杀手；家庭贫困、就业难等问题，成为个别家庭成员违法犯罪的诱因。直接影响着家庭平安与幸福，同时也严重地影响着社会的和谐与稳定。

一个平安和谐健康的家庭，应最大限度地消除和减少影响家庭的消极因素，最大限度地增加有利于家庭的积极因素，以家庭的平安，促进社会和谐与稳定。

每个健康和谐的家庭都是社会的细胞，是每个人幸福生活的港湾。

平平安安才是真，为了家庭的平安，让我们每个人都奉献一份爱心，让家庭更和谐健康，更幸福美满。

2.

别让家庭成为诱发犯罪的根源

在复杂的社会环境面前，在现实的社会中太多的诱惑面前，每个家庭都很容易失去自我。因此，作为一个健康和谐的家庭，更要坚持常思贪欲之害，常除非分之想。在日常工作生活中不搞特殊化，在物质享受方面不与他人攀比，要把家庭建设成抵制腐败的“第一道防线”，别让家庭成为诱发犯罪的根源。

一个和谐家庭作为组成社会细胞和缩影，它是拒腐防变的一道防线。作为家庭主要成员的父母、配偶和子女都必须承担起责任，构筑起牢固的家庭拒腐防线。中国有句古语“妻贤夫祸少”，说的就是家有贤惠妻子，不仅一个家庭和谐，而且丈夫也会少是非、多成就。作为一个有良知、有责任心的配偶，要自觉肩负起反腐的使命。要知法，不越“线”撞“灯”。作为一个和谐家庭的贤内助，要知晓有关政策法规对腐败行为的界定，清楚什么事能干、什么事不能干，帮助丈夫树立牢固的法制观念，增强遵纪守法的自觉性，筑牢法纪防线，从而不撞腐败“红灯”，远离腐败“高压线”。要知责，树立“守家”有责的观念，经常问一问、查一查家人中有没有违法乱纪的事，该纠正的要及时纠正，切实做到“守家”有责。要知足，知足才能常乐。有句话说得好：“家有良田千顷，不过一日三餐；家有豪宅千厦，不过夜宿八尺。”钱财是身外之物，生不带来，死不带去，只要家庭幸福美满，无病无灾，就应知足常乐，感恩常怀，不要这山望着那山高，横攀竖比，乱伸手、乱开口，最终身陷囹圄。

一个和谐家庭要想不被诱发犯罪，子女也要积极发挥作用，主动协助父母把关。要明道理，把自己当成千百万普通家庭的孩子一样，对权力有一个正确的认识，懂得权力是为人民服务的，不是为亲戚、为家人谋利益的。要思危害，腐败者实施腐败行为的过程也是对家庭伤害的过程，它会影响家庭和睦、破坏婚姻稳定、对子女产生负面影响，导致家庭破裂和面临巨大的社会压力等。所以，要清醒地认识到腐败不仅是社会发展的"癌症"，也是威胁家庭幸福安宁的大敌。要学会独立，作为子女要走自己的路，不要依赖父母，从小就要养成平等、公平的意识，自立、自强和拼搏向上的精神品格，经过自己不懈的努力获得成功。要做表率，不用父母的影响和权力去做交易，积极主动地协助父母把好关，用自己的良好行为影响父母，不给不法之徒可乘之机。

赵某是某县组织部长，李某因想把在乡镇工作的孩子调回县城某局关键岗位工作，苦于没有门路，一个偶然的机会，认识了赵某的妻子小丽，相互之间比较投机。于是，李某向小丽提出让她通过赵某帮忙，并送给一张价值5万元的购物卡。随后，李某又用信封给了小丽5万元现金。小丽通过赵某的下属——主管干部调配的于某请其帮忙，并许愿有机会的话，赵某会提升他为正科长，对此，赵某并不知道。于某通过斡旋，违反规定使李某的孩子顺利调回县城工作。事后案发，小丽被司法机关以涉嫌受贿罪逮捕。

一个和谐家庭是社会的细胞，和谐家庭是和谐社会的基础。我国自古就有家国之说，所谓"欲治其国者，先齐其家。"但是，随着社会的不断发展，人们的思想空前活跃，家庭成员思想意识和文化需求呈现出多样性和复杂性，同时，社会的变革给家庭领域带来了一些前所未有的现实问题，一些家庭出现了价值观念扭曲和道德行为失范等问题。面对生活中的各种诱惑，要时刻牢记，领导干部手中的权力都是党和人民赋予的，不是为家庭谋私利的工具。在对待金钱物质利益上，要知足常乐，树立起正确的金钱观和利益观，克服患得患失的攀比心理，做到分外之物不收，不义之财不取，不仁之事不为，不法之事不干。

因此，手中掌握一定权利的领导干部家庭，别让家庭成为诱发犯罪的根源是构建和谐的一个重要基石。一个和谐家庭对人生的影响始于一砖一瓦，却可能决定一生一世。通过家庭建立心理健康自我调适的形态，构筑良好的家庭生长环境，引导家庭成员弃恶扬善，是每个和谐家庭中的成员彼此的需要。和则美，谐则畅。只有每个和谐家庭成员都珍视操守、珍爱家庭、珍重人生，才能真正实现家庭和谐幸福。出门前的一语叮咛，共寝时的一席促膝……这就是和谐家庭对亲人最温馨的关怀和最深情的祝福。我们应共同执手，饱含着热情承担家庭维护权力纯洁与尊严的责任。把一个和谐家庭功能发挥到极致，使家庭成为我们每个人心中最美好、最神圣的伊甸园。

3. 身心健康才幸福

在一个和谐家庭中，每个人的心理活动，总是和全面的心理状态相联系，和健康状况相适应的。所以，健康不仅仅是指一个和谐家庭中躯体上没有疾病，还应当包括心理和社会适应能力等方面的健全与最佳状态。这就是说，每个人的健康应包括躯体健康和心理健康两个方面。

一个健康的和谐家庭中只有身体与心理都健康，才称得上是真正的健康，才算得上家庭健康和谐。身体健康是心理健康的基础和载体，心理健康又是身体健康的条件和保证。人是由大脑皮层统一指挥、各生理系统协调活动的有机体，生理活动与心理活动是互相联系、互相影响、互相制约的。积极健康的心理状态，有益于身体健康；消极不健康的心理状态，使人容易患生理疾病。所以，一个和谐家庭中，一定要警惕心理方面的问题，身心出问题了，对健康有很大影响，对一个和谐家庭来说也有很大影响。

有位心理学家曾做了个有趣的实验：他把同一窝生下的两只健壮的老鼠安排在相同的条件下生活，唯一不同的是：一只老鼠边拴了一只猫，而另一只老鼠却看不到那只猫。前者在可怕的威胁下，本能地处于极为恐惧的状态，不吃东西，逐渐瘦弱下去，不久就死了！而另一只没有猫的威胁，没有这种恐惧心理，所以一直生活得很好！

这说明身体健康和心理健康紧密相连，没有心理上的健康，也就不会有真正的身体健康。生活中，能否保持旺盛的精力和愉快的心情，对于我们的身心健康非常重要。一个人的精力不足，或者精力不稳定，不仅难以快乐地生活，而且会影响我们的健康。成功的人有足够的精力去面对众多的人和事，而精力不足的人面对过多的事务就会感到烦心、倦怠。因此，一个和谐家庭的夫妻要会调节自己，要经常保持愉快的心情，才会给身体和心理带来健康，也就是身心带来了健康。

周琳是某公司的副总裁，在外人眼里，她是一位端庄精干、有气质也非常骄傲的女性。因为她讲话速度特别快，周围的人和手下员工，都觉得和她交流有压力。

她当领导好几年了，因为做事能够坚持自己的原则，在人际关系方面有点欠妥，不能做到收放自如。最近她的上司高升了，公司要从她和几位副总裁中，提一位总裁。论能力，她在几位副总裁中居上。可是因为人缘欠佳，她的票数很低。更让她想不到的是，被提升的副总裁，除了会处关系外，哪里都不如她。这让她感到很郁闷。

一连好多天，她都不能像以前那样，精神抖擞地去工作。每天一进公司的大门，她的心就发慌，到了吃饭时间，没有一点食欲。几天下来，好端端的一个人，变得沉默寡言，不到不得已时，绝不多和别人说一句话。

直到有一次，她因为工作上的事情，竟然和上司大吵起来，还在一怒之下提出了辞职。事后虽然她为自己的行为向上司道了歉。但从那以后，她的话更少了。令她苦闷的是，她的头发开始大把脱落，晚上也开始失眠。下班回家后，经常因为一点小事和丈夫、女儿吵。现在，丈夫和女儿能躲就躲她。

有一次她到女儿学校开家长会，得知女儿最近成绩下降得厉害后，突然觉得活着没意思，想到工作上的诸多不顺，在家里也不被亲人理解，她居然有了厌世情绪。不到半年时间，她的头发白了大半，身体也大不如从前。

后来她感觉身子不适，到医院一检查发现，身体得了好几种病，若不及时治疗，甚至会威胁到生命。听到这消息后，她感到天要塌下来一样，回家后看着自己憔悴苍老的丑陋面容，就想以死来解脱。她选择了吃安眠药自杀，幸好女儿及时发现，她才捡回一条命。后来在公司的配合下，她进行了将近一年的心理治疗，情况才有所好转。

从上面的案例中，我们发现，作为大公司里一个女性高管，她所承受的压力很大，面对错综复杂的人际关系，真的是对她的心理健康提出非常高的要求。心理健康对一个人健康的积极作用是任何药物都无可替代的，同样，恶劣的心理对健康的危害则犹如任何病原体。每个人都愿意处于一种欢乐与幸福的生活环境中，然而，生活是错综复杂、千变万化的，并且经常发生一些令人不快的事情，但不能因为一时的挫折就心情抑郁，看什么也不顺眼，调整好心态是最重要的。现如今的社会环境复杂多变，有心理问题的女性在复杂多变的情况面前，往往显得不太坦然，甚至惊惶失措，一筹莫展。而心理健康的女性则能与现实保持良好的接触，对周围的事物常有清醒的、客观的评价。对生活中各方面的问题、各种困难和矛盾，能以切实的方法加以处理，而不回避，处处表现出积极进取的精神面貌，从而能较顺利地适应社会环境的变化。所以，只有能够保持心理平衡的女性，才是真正地掌握了开启健康之门的金钥匙，才掌握了生命的主动权。

因此，对一个和谐家庭来说，健康的心理是工作、学习、生活的重要保障，一个和谐家庭中只有心理健康，才懂得更好地去享受生活，享受幸福人生。一个和谐家庭中心理健康的人一般有下列特征：

(1)自知自爱。

要有正确的“自我观”。自我意识明确，能正确地评价自己。对自身的优点、缺点有清醒的认识，对自己的情绪状态、性格、智力和能力等方面均有较全面的了解。不仅有勇气承认自己某一方面的不足，而且愿意努力自我完善。

(2)情绪稳定。

每个成员的心理健康是积极的、乐观的情绪占主导地位。能够在焦虑、紧张及恐惧等消极情绪状态中自我调节，不为一时冲动而恶语伤及家人，也不会因困难和挫折而忧心忡忡，为家庭带来和谐。

(3)意志健全。

一个和谐家庭中的成员意志是健全的，能够主动地支配自己的行动，以达到预期的目的。善于明辨是非，当机立断，并在执行决断时，坚持不懈，不达目的不罢休。善于调整自己的情绪，有效控制自己的语言与行为。

(4)热爱生活。

一个和谐家庭中的成员心理健康是对生活充满希望和信心，常常是满怀着希望起床，含着微笑入睡，经常感受到自己对社会、对家庭都是有价值。热爱自己所从事的工作，能够把劳动的成果和事业的成功视为最高价值。在现实生活中的，不管环境优劣，条件好坏，都能从实际出发，应付自如。在困难面前不畏惧，不逃避。

4. 用幽默塑造婚姻，让家中多些欢声笑语

在一个和谐的婚姻中，幽默是婚姻生活中不可缺少的喜剧，其地位不亚于甜言蜜语、海誓山盟。一个懂得在婚姻中运用幽默的人，很容易制造出恋爱时的氛围，在妻子/丈夫面前也就有了难以抵挡的吸引力。

英国文学家劳伦斯曾说过："世俗生活最有价值的就是幽默感。作为世俗生活的一部分，一个和谐婚姻生活自然也不能少了幽默感。过分的激情或过度的严肃都是错误的，两者都不能持久。"所以，和谐的夫妻会使用幽默为武器，即使双方有分歧，即使对对方有诸多的不满，也不要忘记还有一种解决方法叫"幽默"。能让家庭和谐，让家中多些欢笑。

倩倩的丈夫很重视自己的外表，几乎比女人还在意，倩倩对此很是不满。这天，丈夫又拿着镜子左照右照，边照边问："你看我把胡子刮了会不会很别扭？会不会让我看起来很丑？"

倩倩灵机一动说道："不会，一点也不会。"

丈夫开心地说："真的一点都不会？太好了。"

倩倩继续说道："亲爱的，真的一点也不会！因为你的丑跟你的胡子一点关系也没有！"

倩倩欲擒故纵，先设套使丈夫放松了警惕，随之而来却是相反的论断，制造出了幽默的效果，在笑声中巧妙表达了对丈夫的不满，让对方心领神会，又避免了直接指出的尴尬。

家庭生活中，还有很多突发事件会让我们在无意中"犯错误"，面对先生愤怒的目光如果你能以幽默的方式调侃自己的失误，并逗他与你同笑，那么你制造出来的愉快和轻松就很容易冲淡因自己失误引起的不快。

来看看一个刚为人妻的女子在做错事情的时候是怎么处理的：

新娘子不小心把丈夫心爱的贝多芬石膏像掉在地上，摔去了一只耳朵，新郎刚要责备，新娘子笑着说了一句："哎呀，反正贝多芬双耳也失聪了，耳朵只是个摆设，就算掉了也没太大关系啊。"

妻子的这一俏皮，引得新郎笑起来，怒气自然散去了，纵然心里有万般心疼，也只能一笑而过了。

善于使用幽默的人，她们常常能将窘迫的情境化为乌有，这实在令人羡慕。懂得用幽默雕塑婚姻的夫妻是幸福的，幽默能消融夫妻间的小矛盾，使家庭和谐。

一个和谐家庭中，利用幽默会使婚姻之火燃烧得旺盛。家庭有了幽默感，成员之间再复杂的矛盾纠纷也会迎刃而解，面临危机的婚姻也可能换来和好，变得美满幸福。试着做一个幽默一点的妻子吧！把家庭当成幽默的练习场，你的家中就会少一些不愉快，家庭生活将会变得富有乐趣，幽默塑造婚姻，让家中多些欢笑声，给家庭带来和谐与幸福。

5. 婚姻中的自我定位

一个和谐的婚姻中，夫妻双方都是不同的成熟个体，日常的生活中都想保持完整个性，都想发扬自己的个性，展现自我。这就难免有摩擦产生,就会有不同程度的关系紧张,这是正常的,没什么紧张的必要,但关键是我们如何在家庭生活中处理好生活与工作,处理好成员间的关系,如何在日渐疲劳的夫妻生活中找到自我,在琐碎繁杂的婚姻生活中找准自己的位置,给自己定位,这才是关键,这才是让家庭和谐,婚姻幸福绵长的重中之重。

美国心理学家莫瑞·波文就认为,夫妻关系中包含了一种想要平衡夫妻对个体需求的努力,也包含一种促使夫妻更为亲近的拉力。这是两股相对的力量:前者驱使你尊重自己的生活,后者推动你与别人融合。

如果一个和谐家庭中的夫妻个性不够充分,一定会觉得自己在婚姻关系中像个没有自主的人,便会放弃脆弱的自我,说服自己只要对方喜欢,我也喜欢。实际上,一个和谐家庭中的夫妻真正需要的是与对方一起以肯定自身的价值生存。

在人的一生中,会有某些我们自感空虚、害怕的时候和阶段,因而产生了一种不断靠别人而活的需要,向朋友和伴侣求助的要求。

有时,我们可能觉得自己是如此渴求别人的赞同,以至根本不假思索自己的观点是什么。我们追寻有力的人,采纳他们的观点。即使一个成功自信的男人也会有需要太太在身边赞同、支持、帮助的时候,他会告诉太太办公室所发生的一些大事小情,在每一个有争议的问题上希望太太能站在自己这一边。他会在半夜时叫醒太太,以安慰他的忧虑。处在这一阶段、这一类型的人在情感上相对脆弱,从而成为情感上的依赖者。

相反,如果一个女人有足够的个性,她完全可以同时做到自我实践和与他人亲密连接,这样,她既不丧失在人际关系中的自我定位,又不会在人际关系的冲突或相处过程中受到亲近波动的威胁。她不必一味迁就别人,也不会将自己的意愿和别人的意愿混为一谈。

一对五十来岁叫白瑞和祝云的老夫妻正面临着婚姻关系困境。这对夫妻基本上都活在自己的世界里。这几年来,白瑞闲来的时候就去棋室,而祝云则和好友一起到离上海不远的外省旅游。白瑞是个年薪六七万元的会计师,而任职一家女性杂志社的祝云则是个个性十分自由的女性。白瑞说,他从不愿意和她谈及工作，因为她总是借着某个主题对他百般攻击。对祝云的不满，白瑞概括地说："她不是我当初要娶的那个女人。"

结婚多年，夫妻虽同住一室形似亲近，却毫无亲密可言。他们仅将对方视为自己生活中一个附属物，可悲的是，他们甚至没有觉察到彼此间的距离早已生成，在喧嚣熙攘的岁月中忽略彼此。事实上，他们早已不了解对方了。

其实，对于家庭而言，要让家庭和谐，其夫妻双方的角色定位也是不容忽视的。只有夫妻双方都给自己有一个合适且准确的定位，才能让家庭更和谐。

事实证明，一个家庭中，夫妻双方都要当好自己应有的角色，并让自己在其各自的角色中发扬应有的职能，负起自己应有的责任和义务。做一个合格的丈夫或妻子。如此才能让家庭更和谐更幸福。

总而言之，在一个和谐家庭中，具有良好婚姻关系的夫妻犹如密友。密友可以有不同政治观、不同爱好、个性差异，这些不同只会丰富彼此的婚姻生活与关系。对于大部分貌合神离的夫妻而言，只要双方敞开心扉，将婚姻中的权利与对方分享，聆听对方心声，那么情况很快就会得到改善。在彼此平等看待的同时，夫妻两人也应该勇敢面对双方的歧见，被关爱，也关爱对方；被赋予，也赋予对方，将真实向对方坦然表明，也将掌声和鲜花与对方分享。与此同时，还要担当好自己的角色，担负起自己责任和义务。更有助于夫妻关系的和谐。不管怎么说，婚烟中，只有双方都找准了自己的位置，都能自觉自我定位，那婚姻生活一定会更加和谐美满，生活定会更加幸福绵长。

6.

幸福婚姻的保鲜秘方

在家庭生活中,在日复一日的婚姻中,心就该沉静下来,安详细致地经营家庭中的婚姻。

现代人观念的更新,使其将关注点投向生活的各个方面。人们在追求高品位的精神生活时,自然地会联想到自己的家庭和婚姻状态,而拥有更理想的、更完美的家庭及婚姻,是所有夫妻心底的渴求。很多和谐家庭中的夫妻注重婚姻质量,追求“精品”婚姻,虽各有苦恼,但在各自的家庭婚姻中都有所努力。

和谐家庭婚姻追求“精品”,听起来颇具现代气息,其可以理解为在家庭婚姻中寻找和追求高品位的精神享受。家庭婚姻追求“精品”,“精品”从何而来?婚姻中两人结伴同行,若不出意外,将共同走过几十年的风风雨雨,数十年间相依相伴的生活,会将双方的全貌暴露无遗,特别是面对其“丑陋”之处,的确令人感到遗憾和失望。

爱人的魅力何在?当初凭什么紧追不舍?想到这些,怕很少有人不产生点追悔莫及的感觉。打个比喻:结婚只是为我们制造出了一件“半成品”,要达到“成品”乃至“精品”,还需经过很多道“精雕细刻”的程序。成功的婚姻不仅取决于婚前选择上的慎重,更在于婚后双方间的交流与沟通。婚姻的坚实牢固来自于夫妻之间的理解、默契、忍让与包容,接纳对方的全部,尤其是能容忍对方的缺点。

根据婚姻专家的调查、研究发现,维持和谐家庭美满婚姻的“秘诀”主要有以下几条:

(1)树立正确的爱情观念。

生活是现实的、平淡的,夫妻之爱是一种缓慢燃烧的深沉而又炽热的爱,这不同于恋爱的罗曼蒂克。真正的爱情,是夫妻双方对于生活需求做出的正确估价,以及为之而做出的努力。

(2)主动承担责任。

婚后生活的矛盾是夫妻双方共同造成的,所以不要总是指责对方。在改变自己之前,不要指望能改变对方,更不要把希望仅仅寄托在对方的改变上。

如果每个人都相信幸福掌握在他人手中的话,那就会导致一种错误的倾向,即坐等并期望幸福像水果一样,可以被人盛放在果盘中端上来。

(3)允许对方发展自己的兴趣,保留自己的秘密。

夫妻双方虽然是一家人,却是不同的个体。不要强迫对方总是和自己完全一样,那样的话,就等于"克隆"了另一个自己,时间长了也会感到索然无味的。

(4)多为对方考虑。

"人敬我一尺,我敬人一丈。"如果总是"针尖对麦芒",那么谁都无法改变现状,结果只能是两败俱伤,使感情生活变得更加紧张,无法调和。

(5)加强沟通对话,经常交换意见。

恋爱是"谈"出来的,婚姻也是如此。但大多数夫妻在结婚以后,却往往忽视了对话和交流。久而久之,就会导致生疏感及各行其是的行为。

一旦坐下来耐心交谈,建立起交换意见的习惯,那么所有的误解、意见和分歧都会迎刃而解,烟消云散。沟通和交流,也是夫妻相互尊重的表现。

(6)学会保持和延续夫妻双方的快乐。

不要热衷于一时的快乐和消遣,而要制订长远的家庭计划。有了长远的共同奋斗目标,就不会因为一时冲动而轻易说出有损夫妻感情的话,做出有损夫妻感情的事。

如果夫妻双方的情商都很高,真正读懂读透了爱情,就能在不同的历史阶段,连贯上演精彩的"电视连续剧",创造出最美好最和谐的爱情,享受最美满最幸福的婚姻。

这要靠夫妻双方的共同努力,因为爱是彼此的付出,相互的依恋。

(7)矜持庄重。

婚后,作为家庭中的妻子保持婚前恋爱时的矜持与庄重,尽量保持自己美好的形象是十分重要的。然而不少女性在恋爱时很淑女、端庄,婚后却不大注重形象,大大咧咧、毫无忌讳,以为木已成舟,自己已进入了婚姻的保险箱,却不知这样做的严重后果。如果妻子将女性贤淑的涵养坚持到底,就一定会拥有幸福美满的婚姻。

(8)幽默诙谐。

幽默、诙谐、笑口常开,不但可以使自己富有活力和魅力,还可以巧妙化解家庭矛盾,增强家庭的凝聚力。

(9)神秘浪漫。

婚后,时不时给对方来点儿"罗曼蒂克"的小把戏,适度给对方一点儿小悬念,可有效地引起对方的好奇心与吸引对方的注意。一般情况下,爱情的小"陷阱"能创造意外的惊喜,能营造婚姻的浪漫气息。

附 录

附录1:家庭暴力程度界定

家庭暴力是指家庭成员中一方对另一方实施暴力的行为。其形式包括殴打、罚跪、捆绑、拘禁等多种体罚形式,也包括威胁、恐吓、辱骂等精神虐待。家庭暴力基于血缘、婚姻、收养关系发生在家庭成员之间,如丈夫对妻子、父母对子女、成年子女对父母等,在这当中,妻子受丈夫的暴力侵害是最普遍的,她们受到的心灵伤害也是最大的。家庭暴力直接作用于受害人,使受害人身体上或精神上感到痛苦,损害其身体健康和人格尊严,一般会造成受害人身体疼痛、轻伤或精神痛苦,严重的会致人重伤,乃至死亡。

小云说,结婚后,老公经常打我。有一次因为他不上班,在家里玩游戏,我唠叨了几句,他上来就扇我耳光,对我施行殴打,致脸部颧骨瘀肿,嘴张不开,可能是轻微伤,请问这个构成家暴,犯法吗?

这种殴打已经构成家暴,也构成了犯罪。在事情发生后,及时到当地派出所制定的医院做验伤鉴定。即可作为起诉的证据,并作为家庭暴力程度上的界定。

对家庭暴力和虐待的界定可以根据各自特征不同而界定。家庭暴力的范围应较虐待宽泛,家庭暴力可以从轻微伤害到重大伤害,甚至致人死亡。比如一小巴掌可以是极轻的一掌,但也可以是极重的一掌,有的可以造成被伤害人耳聋或眼睛失明,或鼻梁骨折、牙齿脱落,也可能因此造成死亡。当然一巴掌的轻重对被害人造成的精神伤害是不一样的。我国

《刑法》第二百三十二条至二百三十五条就规定了对故意杀人罪、过失杀人罪、故意伤害罪、过失伤害罪的处罚。我国《治安管理处罚条例》第二十二条也规定了对侵犯他人人身权利造成轻微伤害的给以行政处罚。因此被伤害人可以根据被伤害的程度分别投诉举报、自诉于公安局、检察院或法院。在家庭暴力没有引入我国之前家庭发生的暴力会被视作家务事。致使被伤害一方的权利得不到保护。修正案增加禁止家庭暴力,家庭暴力将使“私”转变为“公”,家庭中受伤害一方可以据此主张权利和赔偿。

家庭暴力的特征表现为:

(1)主体双方的亲属身份性。

即施暴人与受害人之间存在特定的亲属身份关系,如配偶、父母子女、兄弟姐妹、祖孙、婆媳等。其中受害者多为女性配偶、儿童和老人。

(2)暴力场所的特定性。

家庭暴力发生在家庭成员之间的共同生活中,以家庭住所为行为场所。

(3)侵害的客体。

集中于身体、精神、性三个方面的人身权利。

(4)主观上的故意性。

即施暴人实施暴力行为,主观上存在明确的目的性,过失行为不构成家庭暴力。

(5)家庭暴力的行为。

客观上,家庭暴力既可以是实际的行为,如殴打、伤害、捆绑、禁闭、强奸等暴力行为,或者以暴力进行恐吓、威胁、逼迫,也可以是隐性的行为,如使受害人挨冻受饿、不准回家、不给治病等。

从表现上看,家庭暴力的特征有:

(1)手段的多样性;

(2)行为的隐蔽性;

(3)时间的连续性和长期性;

(4)原因的复杂性;

(5)外界介入的困难性;

(6)受害程度的不可测定性。

《最高人民法院关于适用〈中华人民共和国婚姻法〉若干问题的解释(一)》第一条:婚姻法第三条、第三十二条、第四十三条、第四十五条、第四十六条所称的"家庭暴力",是指行为人以殴打、捆绑、残害、强行限制人身自由或者其他手段,给其家庭成员的身体、精神等方面造成一定伤害后果的行为。持续性、经常性的家庭暴力,构成虐待。

本条是对"家庭暴力"的解释和规定。该条主要是从家庭暴力的实施主体范围、一般表现形式、行为构成等方面对家庭暴力概念进行解释,同时,也对家庭暴力与虐待做了区别性的规定。

家庭暴力和虐待虽然在行为主体、客体、主体过错、外在表现形式及后果上基本一致,有相互重合之处,但从《婚姻法》"禁止家庭暴力,禁止家庭成员间的虐待和遗弃"的规定看,家庭暴力与虐待行为应是两类不同的行为。从现有法律规定看,可以说虐待的性质和危害程度要比一般的家庭暴力更严重,家庭暴力通常是偶发性和间断性的,只有持续性、经常性的家庭暴力,才构成虐待。

下面教你几招预防和制止家庭暴力的办法:

(1)重视家庭的第一次暴力事件,不能软弱忍让,要抗争到底,把暴力制止在初始状态,否则家庭暴力会愈演愈烈。

(2)寻求周围亲友的支持,把受侵害事件讲出来,一来可以缓解心理压力,二来可以让周围的亲友给施暴力者以劝说,并起到警戒作用。

(3)暂时离开家庭,对事件有很好的缓解作用,可以选择出差、出门访亲友、旅游等,例如有些妇女感受家庭暴力后,可以选择回娘家。

(4)施暴者往往存在心理障碍,如果施暴是由于心理原因,应寻找心理医生以及亲友帮助,设法使其他接受治疗。

(5)在紧急情况下,拨打"110"报警。现行法律法规明确规定禁止家庭暴力,公安机关接到家庭暴力报警后必须及时出警。

(6)向社区妇女维权预警机构报告。这个机构由预测、预报、预防三方面组成。各街道、居委会将通过法律援助站或法律援助点,帮助妇女提高预防能力,避免遭遇侵权。

(7)拨打148热线或者妇联法律援助中心热线。这些法律服务热线的法律援助中心,将为求助妇女提供法律援助。

(8)注意收集证据。在受到家庭暴力时,应当注意人证、物证、鉴定结论的收集和保存,以备将来在追究对方责任或者诉讼时获取有利地位。

(9)应该当机立断,该离婚时就离婚或者是脱离家庭,远离暴力才能真正避免暴力。

附录2:个人家庭暴力行为倾向测试

娜娜说:"平时两个人经常玩闹。有时候他的手劲可大了,我都郁闷了。怎么会那么用力。一下子就打过来。还有一次我用手捂住他的口鼻不让他呼吸。(好吧,玩得有点过),可是他竟然直接掐住我的脖子。我叫起来了,才放开。本来我也没多想,后来在场的朋友说你小心了,他有暴力倾向啊。我就迟疑了。问他有么,他说没有。譬如有时候我们在过马路,过往的车子如果拼命地按喇叭,态度很嚣张的。他就会被激怒,直接站在路中间挡住那辆车。然后自己开车的时候,后面的车如果拼命按喇叭,他也会这样。"

这就是暴力倾向,一般有家庭暴力的人,大都是小时候缺失父母的爱导致。这种人或者性格本身就有缺陷,或者是他们的负面情绪积压太久,得不到释放!下面我们来进行家庭暴力测试:

如果深夜你从梦中惊醒,突然发现屋里停电了,你最害怕的是下列哪一种情形?

A. 朦胧的夜色下,窗外突然闪过一个黑影。

B. 房间的门突然被打开,不知发生了什么意外状况。

C. 走廊上传来沉重的脚步声。

D. 沉沉的暗夜中,隐约听见有人在旁边啜泣。

结果:

A. 你对婚姻中的暴力行为怀有一种恐惧感,说不定还是个不幸的受害者呢！不喜欢对人表达自己的感受，即使对你所爱的人亦是如此。当然，这并非由于你个性深沉，而是因为你非常自卑，不信任任何人。如果希望结束你的恐惧感，你一定得试着把话讲出来！

B. 动粗对你来说是极端野蛮、不文明甚至下流的行为，因此你主张以和平的方式解决家庭问题，设法和妻子沟通。不过，你也是个颇为“霸气”的人，一旦对方试图对你施暴的话，会惹得你大发雷霆，反而把对方吓一跳。一般而言，你的家中出现婚姻暴力的可能性不大。

C. 你把婚姻暴力看得太简单了，甚至认为这只不过是做妻子(或丈夫)的正常举动，对方不该太在意。有时你往往只在乎自己的利益，不管对方的感受。你要记住，到了他(她)忍无可忍、反戈一击时，你们的婚姻，就已经面临着解体的危险！

D. 你的潜意识里有种渴望暴力的倾向。也许你在家庭中受到的压抑太多，也许对方经常无理取闹，总之，你认为婚姻暴力是解决问题的途径之一。有时你会把暴力作为一种发泄苦闷的方式，但很快又后悔了，下决心绝不重犯。这样只会给夫妻双方留下更多的情感隐患，尝试不得。

除了这个自我测试外，我们还可以对自己的另一半使用以下量表，测试我们的另一半是否有潜在家庭暴力倾向，如果能够及时发现他们的暴力倾向，就很有机会在暴力行为发生前进行预防。

很多家庭暴力在家庭未组成之前就埋下了暴力的种子，如果能够提前判断对方是否有暴力倾向，是否会成为家庭中的施暴者，那么，很多不幸可以避免。根据心理学研究，判断对方是否有暴力倾向的一个重要指标，是一个人处理压力、焦虑的方式。

(1)他生气时都做什么？

不论你们的争执多么微不足道，他都会威胁着要摔东西、捶墙、弄坏物品、伤害你等。这恰恰是他缺乏自制力的危险讯号。

(2)他是否对动物很残忍或曾经对他人有过暴力倾向？

你应当留意他是否认同此观点：使用暴力达到某种目的是一种可以被接受的事。

(3)他企图使你在其控制之下吗？

他是否看似处于关心，实际上过于干涉你的生活和自由？比如，管束你如何穿着，如何过日子，甚至可能到了让你觉得没有他，你就不能做决定的程度。

(4)他试图将你与亲友疏远？

割断你与亲友的联系是一种有效控制你的方式，他常有这样的举动吗？

(5)你常常觉得你要为他的错误负责？

对他而言，每件事都是别人的错。

(6)对于你的成功，他如何反应？

显示一些妒忌是自然的，但是他若表示受威胁、生气、愤怒等情绪，就是一种危险的信号。

(7)他能否在意他人的感受？

如果他没有能力去考虑别人的感受，则表示他可能会伤害别人。

(8)他曾经打过你吗？

不管他如何表示道歉，一旦他打你一次，就已经打破男女关系的禁忌，这会使下一次出手更容易。

(9)他曾经打过他的前任女友吗？

如果打过，便存在会对你使用暴力的潜在因素。

(10)他重视你的意见吗？

施虐者的低自尊往往是他想要控制他人的意志、行动，借以增强其自尊。因此他往往是非常以自我为中心的，而忽视你的意见与自主选择权。

(11)对你的追求、你自己的兴趣，他会表示赞许或认同吗？

施虐者的低自尊常会因为你追求个人理想而感到一种威胁，以至于不愿意你追求自己的兴趣、成长与发展。

(12)当你要他停止对你的无礼行为时，他是否真的停止？

记录一下他如何响应你的要求。如果改善有限，便需要认真考虑你们是否要继续目前的关系。

(13)他是否对男人、女人的角色非常传统，坚持“男人应如何，女人应如何”？

注意看他是否认为女人应该留在家,照顾先生并且遵循先生的指示。

(14)他是否用暴力来解决问题?

习惯用暴力解决问题的人,往往无法用理性的方法来处理事情,因此在你决定与此人建立长久的关系前,最好了解他是否有意愿改变自己用暴力解决问题的方式。

(15)他是否看轻他自己?

越是看低自己的人,越容易用暴力掩饰他的不安全感。

(16)他的情绪呈两极化?

情绪呈两极化是人格不成熟的一种反映:心情好时,他很仁慈;但其他时候都相当暴力和残忍。

(17)他是否来自一个暴力家庭?

在暴力家庭中成长的孩子,往往也只学会了以暴力面对问题。

(18)他是否对他人也相当无礼?

他能够公开地对他人无礼,则难保私下对你不会粗暴。

(19)在约会时,他是否对你很恶劣?

如果在约会时他已对你粗暴,那么施虐者绝不会因为与你结婚而改变暴力行为。

(20)你是否因害怕分手后遭到报复而不敢提出分手要求?

如果是这样想的,又是这么做的,那你只会不断遭到暴力。